Schamanismus

Ein kompakter Ratgeber für den Einstieg in die Welt des Schamanismus. Das geheime Wissen und die alte Kunst der Energiemedizin verstehen und anwenden.

Patrik Seigert

Inhaltsverzeichnis

Einführung

Unterschiedliche Kulturen bringen ein unterschiedliches Denken. In unserer westlichen Welt waren wir jahrelang überzeugt, dass die Medizin unsere Krankheiten heilen kann, und was sie heute nicht zu heilen vermag, das wird sich bald mit mehr Fortschritt heilen lassen. Heute aber wissen wir, dass die Menschen, trotz allen Fortschrittes, noch immer krank werden. Woran liegt das?

Um diese Frage zu klären, schauen wir in andere Kulturen. Wir finden dort Ansätze, den Körper und den Geist als eine Einheit zu betrachten. Ist der Geist nicht gesund, dann leidet der Körper und umgedreht. Wir müssen entdecken, dass der alte Ansatz, „die Chemie hilft dem Körper, und dann wird alles gut", einfach nicht mehr ausreicht und wir nach einem neuen Ansatz suchen müssen. Dieser kann im Schamanismus liegen.

Der Schamanismus bietet die Verbindung aus Energie, Geist und Körper. Er heilt nicht einfach nur einen Teil, er heilt alles zusammen. Umgedreht, das haben wir bereits festgestellt, werden wir durch Stress krank. Stress, das ist das Leiden der Seele unter einer starken oder falschen Belastung. Wenn also das Leiden der Seele den Körper krankmacht, kann dann das Heilen des Schamanen die Seele und über den Körper heilen? Der Schluss liegt jedenfalls nahe.

In der Vergangenheit und in anderen Kulturen, als der Schamanismus in seiner vollsten Blüte stand, wurden die Leute unter sehr viel schwereren Bedingungen sehr viel älter und waren dabei sehr viel gesünder. Die Verbindung zur Natur und der inneren Energie scheint diesen Erfolg gebracht zu haben, und es ist der Schamane, der diese Verbindung herstellt.

Heute fehlt uns die Natur mehr denn je. Wir leben in Betonbauten, gehen über Betonstraßen zur Arbeit, fahren in Mobilen aus Stahl und Plastik und haben keine oder kaum noch Pflanzen und Tiere um uns. Wir haben uns von unseren Wurzeln entfernt und wir leiden darunter. Unsere Seele leidet und wird krank. Wir bekommen nicht genug Energie und haben keine Kraft und am Ende erkrankt auch unser Körper. Wenn man von dieser Lage ausgeht, dann ist der Schamanismus tatsächlich die Antwort.

Der Schamanismus führt uns zurück zur Natur und unseren Wurzeln. Er erlaubt uns, wieder eine gesunde Einheit aus Geist, Körper und Energie herzustellen. Er kann die Antwort

auf die Zivilisationskrankheiten sein, die die Entfremdung von der Natur und die Entwurzelung in uns ausgelöst haben.

Jeder Leser dieses Buches hat den wichtigsten Schritt bereits getan, den Schritt der Erkenntnis. Wir haben festgestellt, dass uns etwas fehlt, was uns die Medizin und die modernen Wunderwerke der Technik nicht geben können. Jetzt können wir diese Erkenntnis nutzen und nach den Antworten suchen, die wir brauchen, um unsere Heilung zu beginnen.

Wir werden in diesem Buch gemeinsam eine Reise unternehmen. Wir werden einen Einblick in die alte Kunst gewinnen, die uns in unserer modernen Welt die Hilfe bringen kann, die wir so dringend benötigen. Wir werden ein tiefes Verständnis für uns und den Schamanismus entwickeln, sodass jeder Einzelne von uns eine eigene, informierte und bewusste Entscheidung darüber fällen kann, ob der Schamanismus für ihn oder sie eine Chance ist, sich zu verbessern. Wir wollen überzeugen, doch keinen Druck ausüben. Jeder kann sich dem Thema so weit nähern, wie er oder sie es möchte.

Wir beginnen mit einem kleinen Überblick über den Schamanismus. Dieser Überblick ist jedoch sehr grob und dient nur dazu, das Fundament für die folgenden Kapitel zu legen, die für jeden Aspekt einen tieferen Einblick geben werden.

Wer ein erstes Verständnis für den Schamanismus im ersten Kapitel gewonnen hat, kann dann im Kapitel „Der Schamane" ein tieferes Verständnis für den Menschen hinter dieser Kunst entwickeln. Das hilft uns auch, die Kunst selbst mehr zu verdeutlichen, denn die Anwender sind für das Ergebnis mindestens ebenso wichtig wie der Schamanismus selbst.

Das Verständnis für den Schamanen wird noch dadurch vertieft, dass wir dessen Weg von einem normalen Menschen zu einem Anwender der Kunst beleuchten. Das hilft, das Verständnis sowie eine erste geistige Verbindung zu dieser alten Form der Heilung herzustellen.

Wir beginnen danach die Heilung selbst aus verschiedenen Gesichtspunkten und mit verschiedenen Ansätzen, zu erklären. Dies geschieht in insgesamt vier Kapiteln, von „Die schamanische Heilung" bis „Die Heilung durch Emotionen". In jedem Kapitel wird ein weiterer Aspekt des Heilprozesses in seiner Theorie erklärt.

Dem folgt dann das Kapitel „Schamanische Rituale". Hier geht es um die praktische Anwendung der Heilkunst. Damit kann sich jeder selbst ein Bild machen, wie eine Heilung aussehen kann, und ob sie das Richtige für einen selbst ist.

Danach folgt ein Kapitel mit den Krankheiten, die man eher der klassischen Medizin überlassen sollte. Der Schamane ist die Antwort auf bestimmte Leiden, die mit der Entwurzelung in der heutigen Zeit zu tun haben. Er ist jedoch nicht in der Lage, alle Erkrankungen tatsächlich zu heilen und diese, die außerhalb seines Wirkungsbereiches liegen, sollten auch weiterhin von einem klassischen Arzt behandelt werden.

Ganz am Schluss folgt unser Fazit darüber, was ein Schamane uns in unserer heutigen Zeit bringen kann. Wir verbinden die einzelnen Informationen zu einer gemeinsamen Wahrheit und werden sehen, dass wir mit dem Schamanismus, mit dem Alten, in der heutigen Moderne einfach einen weiteren Schritt in die richtige Richtung machen können.

Das Lesen dieses Buches ist rein informativ und soll den Lesern helfen, ihr Wissen zu erweitern. Der Schamanismus, so wie wir ihn verstehen und darlegen wollen, soll die klassische Medizin dort ergänzen, wo diese allein nicht zu helfen vermag. Er soll auf keinen Fall die klassische Medizin aus unserer heutigen Welt verdrängen oder ersetzen. Er soll unsere Welt nicht einengen, indem er neue Grenzen setzt, sondern vergrößern, indem er die Grenzen erweitert. Wir wünschen viel Spaß beim Lesen und hoffen, damit einen Beitrag zur Verbesserung der Lebensqualität eines jeden Einzelnen von uns zu leisten.

Was ist Schamanismus?

Viele werden schon einmal das Wort „Schamanismus“ oder „Schamane“ gehört haben. Entweder wurde dabei keine Erklärung damit verbunden oder, im besten Fall, erfuhr man, dass es etwas mit Indianern und Medizinmännern zu tun hatte. Damit war der Schamanimus oft einfach als Hokuspokus abgestempelt und wurde gleich wieder ignoriert.

Der Schamanismus ist jedoch absolut kein Hokuspokus, Aberglaube oder irgendwelche Magie, die keinen Erfolg hat. Stattdessen wurde in Schriften immer wieder dargelegt, wie die Indianer, aber auch andere Naturvölker, damit verschiedene Heilungen bewirkt haben.

Bekannt wurde der Schamanismus im 18. Jahrhundert und wurde dann in verschiedenen Büchern von Reisenden und Forschern beschrieben. Interessant dabei ist, dass er sich mehrfach an verschiedenen Punkten der Welt, die sich weit voneinander entfernt befinden, entwickelt hat. Das bedeutet, dass er einfach nicht irgendwo entstand und wanderte, sondern unabhängig voneinander von mehreren Naturvölkern entdeckt und praktiziert wurde. Er muss also einem Sehnen, Instinkt oder Urwissen, das in uns verankert ist, entspringen.

Beschrieben wurde der Schamanismus natürlich in Verbindung mit den indianischen Stämmen in Nordamerika. Es gab ihn aber ebenso in Sibirien und es gibt ihn noch heute bei den Eskimos. Dazu kommt er in verschiedenen Formen auch in Mittelamerika, Korea, Vietnam und Ozeanien, in der Mongolei und in Japan vor.

Anfangs verlacht oder als Aberglaube abgetan, entwickelte er jedoch im letzten Jahrhundert eine ernsthafte Bedeutung. Damals tauchten immer neue Denker auf, die im Bereich der Nervenheilkunde und der Neurologie auf mehr als nur körperliche Ursachen schauten. Besonders ging es dabei um die Bewusstseinsbeeinflussung, die aus dem Schamanismus kommen und dazu dienen, körperliche Erkrankungen zu heilen, bzw. zu lindern. Damals begann der Schamanismus sich in Europa langsam durchzusetzen und ist auch heute noch immer relevant, wenn nicht sogar mehr als zuvor.

Die Bedeutung im Bereich der Behandlung der Nervenheilkunde und Neurologie kam dabei nicht ungefähr. Der Schamanismus beruht darauf, die spirituelle Welt zu erreichen. Dazu muss das Bewusstsein der Menschen beeinflusst werden, um einen Kontakt mit dieser Welt zu ermöglichen. Das bedeutet, dass hier die Heilung durch den Geist und seine Energie in den Körper vordringt.

Dem Schamanismus liegt ein Glaube an Geister zugrunde. Dies mag unwissenschaftlich klingen, doch man muss einfach verstehen, woher der Schamanismus kommt. Er kommt von Naturvölkern, deren wissenschaftliches Denken nicht so weit definiert oder artikuliert ist wie unseres, und diese Völker dementsprechend auch andere Wörter benutzen, um ihre Ideen und Konzepte auszudrücken. Fakt ist, dass unser Körper und unser Wohlbefinden durch unsere Umwelt, unsere Arbeit und unseren Umgang mit anderen Menschen beeinflusst werden, und dieser Einfluss sich auch in körperlichen Symptomen niederschlagen kann. Diese reichen von einfacher Freude oder Wut bis hin zu einem energiegeladenen Hochgefühl oder einer krankmachenden Depression. Dies kann man, in einfachen Worten ausgedrückt, ruhig als Geister ansehen, die uns krankmachen.

Aus schamanischer Sicht gibt es in der spirituellen Welt sowohl gute als auch schlechte Geister. Der Schamane selbst, als Heiler, setzt sich mit diesen Geistern in Verbindung. Um diese Verbindung aufbauen zu können, muss er sich in eine Trance versetzen. Diese ähnelt einem bewussten Schlaf und dieser ermöglicht es dem Geist des Schamanen, besonders stark aufzutreten.

Die Trance des Schamanen wiederum ist eine Folge einer Ekstase. Um in diese zu gelangen, führt dieser eine Reihe von Bewegungen aus, die zumeist die Form eines wilden Tanzes annehmen. Während dieses Tanzes jedoch befindet sich der Geist des Schamanen in einem aktiven Zustand, um die Welt der Geister zu erreichen.

Die Trance bzw. der Kontakt mit der Welt der Geister ist es, die dem Schamanen eine hellseherische Kraft verleihen. Zugleich kann er dadurch fühlen, wo es den Menschen fehlt. Was er als Kontakt mit dem Jenseits, Geistern oder Toten wahrnimmt, ist die Verbindung mit der Natur. Diese Verbindung ermöglicht ihm den Zugang zum Urwissen. So kann er die Leiden erkennen und ihnen abhelfen.

Diese Verbindung zur Unterwelt bzw. zur Natur wird über wie Zeit stärker. Die Schamanen werden zu Sehern und können, wann immer nötig, in einen Zustand der Trance verfallen, um die Verbindung zu nutzen. Dazu verfügt der Schamane über mehrere Rituale, die seinem Herzen, seiner Wärme und seinem Feuer die nötige Stärke verleihen.

Zu der Arbeit des Schamanen gehört auch das Suchen von Krafttieren. Diese verdeutlichen den Energiezustand des Menschen und können dabei helfen, körperliche Schwäche, fehlende Motivation, oder den Verlust von Lebensfreude zu bekämpfen. Damit lässt sich zum Beispiel eine Depression oder eine schwere innere Unruhe heilen bzw. lindern.

Angst und Panik, Depressionen, ständige Nervosität oder auch eine chronische Müdigkeit, diese sind oftmals eine Folge einer seelischen Verletzung. Daraus entwickeln sich klinische Depressionen, Suizidgedanken, akute Schmerzen und auch chronische Leiden. Sie bringen Sorgen, Entscheidungsschwäche und Existenzangst. Da diese aber alle die Folge der seelischen Verletzung darstellen, muss man die Ursache dieser Krankheiten in der Seele suchen.

Der Schamane versucht dann, traumatische Situationen im Leben des Betroffenen zu entdecken, die diese Leiden ausgelöst haben. Dabei kann es sich um einmalige, schwere traumatische Erlebnisse handeln oder um an sich Schwächere, dafür aber sehr viel länger anhaltende negative Einflüsse, wie zum Beispiel chronischer Stress.

Traumatische Erlebnisse können die Seele vom Köper abspalten oder sie einfach krankmachen. Eine kranke oder keine Seele jedoch führt dazu, dass der Körper auch krank wird. Gleichzeitig wird der Körper aber auch gegenüber anderen Krankheiten sehr viel empfänglicher, denn er verfügt nicht mehr über seine gesunde Energie, was auch sein Immunsystem schwächt.

Für den Schamanen bedeutet eine Heilung, die Seele zurück in den Körper zu bringen bzw. negative Energie oder böse Geister, die in der realen Welt einfach nur krankmachende Stoffe darstellen können, aus der Seele zu entfernen. Das bedeutet, der Schamane sorgt dafür, dass der schlechte, negative Seelenzustand endet. Daraufhin folgen eine Selbstheilung des Körpers und eine Aufhebung von Blockaden.

Schamanismus ist in der Lage, die Selbstheilungskräfte des Körpers insgesamt zu heilen, und negative Einflüsse zu beenden. Das bedeutet, dass Herzkrankheiten und Migräne einfach verschwinden. Der Körper erhält mehr Energie und der Geist mehr Lebensfreude. Das wiederum heilt auch schwere Erkrankungen wie Krebs und es beendet auch Suchterkrankungen und lindert Ängste.

Die Therapie eines Schamanen kann je nach Heiler und zu erreichendem Erfolg unterschiedlich sein. Es gibt die Geisthelfer, die Spirits, die Heilung aus der Tier- oder Pflanzenwelt oder eine Heilung basierend auf Mineralien. Geisthelfer bzw. Spirits sind Begleiter, die einer Person dabei helfen sollen, in einer bestimmten Situation mehr Kraft zu haben, stärker an sich zu glauben, oder einfach mehr Zuversicht zu entwickeln, um dann mit Herausforderungen fertig zu werden.

Schamanen helfen oftmals dabei, Ängste, die in einer Person bestehen, dieser vor Augen zu führen und dann die auslösenden Lebensmuster zu verändern. So können Probleme in Beziehungen, auf der Arbeit oder allgemein im Leben eines Betroffenen angegangen und aufgelöst werden. Dazu zapft der Schamane eine innere Energie und das Urwissen an und hilft dann dem Betroffenen, selbst auf diese Weise Energie zu schöpfen, und Ideen bzw. Lösungen zu finden.

Sehr oft besteht daher eine heutige Therapie durch einen Schamanen in einer gesundheitlichen Lebensberatung. Der Betroffene soll erkennen, welche Zustände in seinem Leben seine Seele erkranken und damit seine körperlichen Beschwerden hervorbringen. Der Betroffene kann dann selbst sein Leben entsprechend ändern, um die krankmachenden Situationen zu vermeiden.

Die Behandlung des Schamanen ist an sich nicht invasiv, zumindest nicht in körperlicher Hinsicht. Es wird keine Medizin verwendet, der Körper wird nicht durch Operationen geöffnet, es wird einfach nur mit Worten und Ritualen gearbeitet. Dennoch kann es zu gewissen Risiken bzw. Nebenwirkungen kommen. Die Wichtigsten sind der Placeboeffekt und die Co-Abhängigkeit.

Der Placeboeffekt bringt eine scheinbare Wirkung hervor. Dieses ist an sich keine negative Erkrankung, doch er kann schnell abflauen und dann einfach in das Gegenteil umschlagen. Der Betroffene wird dann gegenüber dem Schamanen misstrauisch und vermag, durch ihn keine Heilung mehr zu erfahren. Damit wird der erst helfende Placeboeffekt zu einer neuen Blockade im Leben des Betroffenen.

Die Co-Abhängigkeit kann mental oder biologisch eintreten. Ihr liegt ein Suchtverhalten zugrunde. Der Betroffene hat das Gefühl, sein Leben nicht mehr allein unter Kontrolle haben zu können und sucht den Schamanen in der Folge immer wieder auf. Dies kann aufgrund einer mentalen Abhängigkeit auftreten, in welcher der Betroffene einfach unfähig wird, selbstständig zu handeln. Ebenso gut kann eine körperliche Abhängigkeit vorliegen, weil bei den Ritualen halluzinogene Pflanzen verwendet werden.

Aufgrund der möglichen Nebenwirkungen wird ein verantwortungsvoller Schamane die Behandlung bei gefährdeten Personen ablehnen. Das ist besonders dann der Fall, wenn diese sich in einer Therapie mit sehr schweren Schmerzmedikamenten befinden. Auch bei einer Chemotherapie, welche sehr starke Auswirkungen auf die Psyche der Betroffenen zeigt, ist eine Behandlung durch einen Schamanen eher nicht geeignet.

Schamanen sind keine Doktoren und haben keine entsprechenden Zertifikate. Sie sind Heilpraktiker. Sie arbeiten mit Energien, die sie durch ihre wilden Tänze und Trommeln sowie den Einsatz von Kräutern und halluzinogenen Substanzen erzeugen. Dabei wird auch oft das Energiefeld des Patienten, dessen Aura, gereinigt und es werden Heilfedern, Kraftsteine und andere Mineralien verwendet.

Neben dem Betroffenen selbst können sich die Rituale auch auf bestimmte Orte oder Gebäude bzw. Räume erstrecken. Dabei sollen negative Geister bzw. negative Anhaftungen beseitigt werden. Das führt dann bei dem Betroffenen zum Auflösen von Blockaden und es befreit seine Seele. Dies hilft vor allem bei schweren Emotionen, wie Wut, Trauer, Ohnmacht, Angst und Sucht. Der Seele soll es ermöglicht werden, wieder unbeschwert Zugang zum Körper zu erlangen. Gemeinsam erhalten sie die nötige Energie, um sich zu heilen und sie erzeugen beim Betroffenen Gesundheit, Kraft, Wohlbefinden und Motivation. Der Schamane ist dabei als Heiler mehr oder weniger der Begleiter, der die Selbstheilung ermöglicht. Es kommt also auf einen selbst, als Betroffenen an, sich dem Begleiter, also dem Schamanen, gegenüber so zu öffnen, dass man den Heilerfolg selbst erbringen kann.

Der Schamane

Wenn wir über den Schamanismus sprechen, gibt es oftmals zwei Fehlvorstellungen, die wir korrigieren müssen, bevor wir zu dem Schamanen selbst kommen. Als Erstes ist der Schamanismus keine Religion und als Zweites ist er keine hierarchische Schule.

Die Einordnung des Schamanismus

Der Schamanismus ist keine Religion. Das bedeutet, dass der Schamane selbst kein Priester ist. Er ist auch keine Verbindung zwischen dem Menschen und Gott, so wie ein Priester oder ein Mönch. Er ist ein Heiler, der die Geister nur deswegen aufsucht, um die Seelen von leidenden Menschen von ihren Leiden zu befreien.

Der Schamanismus ist keine hierarchische Schule. Es gibt keine Universitäten mit strengen Stundenplänen und Prüfungsexamen und es gibt keinen Lehrmeister mit einem unwissenden Jünger, der mit strengen Strafen erzogen und unterrichtet wird.

Der Schamanismus ist eine persönliche Erfahrung. Es ist ein Weg zur Heilung und Erleuchtung. Demzufolge ist der Schamane nur ein Führer auf diesem Weg und dies gilt sowohl gegenüber den erkrankten Betroffenen als auch gegenüber jedem, der diese Kunst erlernen möchte. Es geht um das Lernen aus dem Leben und das Erlernen durch das Leben.

Die Sicht des Schamanen

Im Schamanentum geht es um Kreativität und das Leben an sich. Jeder Schamane, jeder Mensch, erlernt, die Welt auf seine Weise zu sehen. Es gibt keine festen Dogmen, die heruntergebetet werden. Jeder Schamane bestimmt seinen eigenen Weg und jeder Lehrmeister dient als

Führer, der anleitet, aber keine Grenzen setzt, der erläutert, aber keine Sichtweise aufzwingt. Ein guter Schamane lernt und lehrt und lehrt und lernt zugleich.

Ein Schamane sieht die Natur nicht als eine Sache und den Menschen als eine andere an. Er sieht die Verbindung und die Einigkeit zwischen beiden. Beides bewegt sich in einem Einklang und alles gehört zusammen und beeinflusst sich gegenseitig. Das eine kann nicht ohne das andere existieren.

Die Wahrheit des Schamanen

Was den Schamanismus so faszinierend macht, wenn es darum geht, seine Wahrheit oder Nichtwahrheit festzustellen, ist die Tatsache, dass er überall gleich ist. Sei es der Schamane in den australischen Aborigines, der Schamane in Nordamerika oder der keltische Schamane in Europa, alle von ihnen sehen die Welt auf die gleiche Weise. Sie sehen sie als eine Einheit aus Mensch und Natur, verbunden über Energie und Geister.

Die Wissenschaft von heute basiert auf der Idee des wissenschaftlichen Beweises. Was der eine entdeckt und der andere beweisen kann, das ist wahr. Nun kommt das Schamanentum aus einer Zeit, zu der es noch keine Vorstellungen eines wissenschaftlichen Beweises gab. Dennoch kann man die Tatsache, dass an so weit voneinander entfernten Plätzen die Schamanen die Welt auf die gleiche Weise wahrnehmen, als einen Hinweis auf die Richtigkeit ihrer Vorstellung ansehen.

Wenn man den Gedanken weiterdreht, dann müssen die Schamanen einen Zugriff auf ein Urwissen haben, das in unserem genetischen Code einprogrammiert ist, um weltweit zur gleichen Sichtweise zu gelangen. Das allein spricht erheblich für die Wahrheit der Kunst.

Die ganzheitliche Wissenschaft der Erfahrung

Das Schamanentum entspringt der Beobachtung der Natur und der Umwelt. Es ist eine ganzheitliche Wissenschaft in der Form, dass es alles miteinbezieht und miteinander verbindet. Es ist eine Wissenschaft der Erfahrung, indem es das Wissen der Schamanen, welches diese aus ihrem Leben und ihren eigenen Erfahrungen gesammelt haben, zusammenbringt und ihm eine Stimme verleiht.

Für den Schamanen als Person bedeutet dies, dass er ein praktizierender Heiler ist, denn er lindert die Leiden der Leute. Zugleich ist er ein Lernender, ein Student des Lebens und der Umwelt, denn er betrachtet all die Dinge, die ihn umgeben und um ihn herum geschehen, und bezieht sie in sein Bild und seiner Vorstellung von der Welt und der

Zusammenhänge mit ein. Er erweitert damit beständig die Kunst des schamanischen Heilens. Zugleich ist er ein lernender Lehrer. Er gibt sein Wissen an den nächsten Schamanen weiter, während er zugleich dessen Beobachtungen und Erfahrungen seinem eigenen Wissen hinzufügt.

Ein Schamane besitzt und zeigt Respekt vor allen Dingen auf dieser Welt bzw. der Schöpfung als Ganzes. Er sieht sich als Reisender, der auf seiner Reise die Schöpfung und alles, was sie mitzuteilen hat, in sich aufnimmt, um dieses Wissen zur Heilung zu verwenden. Daraus entwickelt sich ein gemeinsames Wissen, welches auf sehr individuellen Wegen angewendet wird. Eine gemeinsame Lebensweise verbindet sich mit einer eigenen Weltanschauung.

Der Mensch „Schamane"

Der Schamane unterscheidet sich jedoch von den anderen Menschen dahin gehend, dass er mehr sehen kann als diese. Während der einzelne Mensch die Dinge um sich herum körperlich wahrnimmt, kann der Schamane auch die Geisterwelt dahinter sehen. Damit steht ihm im Vergleich zu den einfachen Menschen ein größeres Reservoir an Wissen zur Verfügung. Er hat dabei eine eigene Sicht der Wirklichkeit, eine größere oder erweitere Erfahrung.

Der Schamane verfügt über eine Begabung, die über die Fähigkeiten der anderen Menschen hinausgeht. Er verfügt über das „dritte Auge" oder ein „paranormales Talent". Dieses übersinnliche Talent schlägt sich in der Form nieder, dass er ein Gespür für die Welt und alles, was sich darin befindet, entwickelt.

Inzwischen wird das „Paranormale" an seinem Gespür jedoch angezweifelt. Es geht dabei jedoch nicht darum, ihm seine Fähigkeiten als solche abzusprechen, sondern, dass diese paranormal, also übersinnlich, sein sollen. Vielmehr macht sich langsam die Sichtweise breit, dass der Schamane eine stärkere Wahrnehmung als andere Menschen hat, diese aber nicht paranormal ist, weil sie sich nicht auf ihn beschränkt. Der Schamane ist also nicht anders als andere Menschen und kann deswegen das Gespür entwickeln, er hat einfach sein tatsächlich vorhandenes Gespür mehr trainiert. Im Umkehrschluss bedeutet dies, dass wir alle diese Fähigkeit erlangen können, wenn wir sie nur ausreichend trainieren würden. Damit ist sie normal, nicht paranormal, obgleich mehr als bei anderen Menschen, da der Durchschnittsbürger einfach seine latent vorhandene Begabung nicht entsprechend ausbaut.

Hat eine Person ihre Fähigkeiten in der Hinsicht ausgebildet, die Umwelt im Gespür zu haben, kann sie in einer schamanischen Trance ihren Geist so weit fokussieren, dass sie die Welt der Geister oder der Energie erreichen kann. Über diese Welt vermag sie dann die Heilungen zu erreichen.

Die Welt der Energie wird im Grundsatz von der Forschung nicht abgelehnt, ja, von der Physik sogar anerkannt. Danach gibt es die Beeinflussung zwischen Materie, Energie, Raum und Zeit. Sobald der Schamane die Fähigkeit erlangt hat, den Einfluss zu erkennen und ihn zu manipulieren, erhält er das Geschenk der Götter in einem Ritual. Er kann nun ein echter Schamane werden bzw. die Ausbildung zu einem Schamanen beginnen.

Der Heiler „Schamane"

Wenn man zu einem Schamanen geht, erwartet man einen halb nackten Medizinmann, eine Hexe oder einen Voodoopriester. Die meisten Leute sind dann enttäuscht, wenn sie keine dementsprechenden Utensilien in der Praxis eines Schamanen vorfinden. Diese Vorstellungen kommen aus einem Sammelsurium an Filmen und Romanen, die nichts mit der Realität zu tun haben.

Ein Schamane ist ein Heiler, kein Priester oder Hexer. Er nutzt Schamanengewänder und vielleicht ein paar Kräuter, ansonsten geht es jedoch eher normal in seiner Praxis zu. Die Behandlung startet dann damit, dass er sich in die Situation des Betroffenen versetzt. Er unterhält sich und versucht, die Probleme zu erkennen und ihre Ursachen zu bestimmen.

Ein Schamane ist ein Diagnostiker. Mit viel Gefühl und Verständnis muss er den Einzelnen durch sein Leben und Erleben führen, um die Wurzel der Probleme zu erkennen. Dabei ist er der Leiter eines Rituals, der Deuter eines Orakels und der Seher, der die Geister erkennen kann.

Ein Schamane ist ein Therapeut. Hat er die Ursachen gefunden, dann reinigt er die Seele. Dabei ist er ein Seelsorger, ein Beschwörer von Geistern und ein Bittsteller für den Betroffenen. Er begleitet ihn auf dem Weg zur Besserung.

Die Arbeit eines Schamanen

Ein Schamane kann in seinem Leben eine Reihe verschiedener Probleme erleben bzw. zu verschiedenen Hilfestellungen gebeten werden. Das beginnt bereits in der Schwangerschaft. Eine werdende Mutter kann einen Schamanen darum bitten, sie zu begleiten und das Baby auf die Welt vorzubereiten und vor bösen Geistern zu bewahren. Er soll dem Kind das Leben und eine Seele schenken und eine Verbindung zwischen ihm und der Familie herstellen.

Auch bei der Taufe kann ein Schamane um Hilfe gebeten werden. Die Taufe ist der Willkommensgruß für das Baby. Es wird damit in der Welt der Sterblichen aufgenommen und es wird den Menschen vorgestellt. Hier hilft der Schamane, sicherzustellen, dass das Kind mit einer gesunden Seele die keinen Schaden nimmt, aufwächst.

Sehr oft sind Schamanen auch bei der Begleitung eines Sterbenden dabei oder sie helfen den Verbliebenen, mit der Trauer umzugehen. Sie geben dem Sterbenden Beistand und sorgen für einen friedlichen Übergang der Seele in das Jenseits. Alle Sorgen werden gelöst, sofern nötig, werden Versöhnungen mit den Angehörigen herbeigeführt und es wird ein Abschied in Liebe und Verständnis ermöglicht.

Die Trauer der Angehörigen wird in Gesprächen und in Geisterbehandlungen gelindert. Die Hinterbliebenen erhalten die Möglichkeit, ihre Gefühle auszudrücken und ihrem Angehörigen, der gestorben ist, zu übermitteln.

Bei traumatischen Erlebnissen helfen Schamanen, die Angst, die die Seele aufisst, zu besiegen. Sie ermöglichen es, das Trauma zu verarbeiten und die Seele zu heilen bzw. die Seele in den Körper zurückzuführen.

Schamanen reinigen das Karma von Menschen. Wenn diese Angst haben, blockiert sind, wenn etwas aus einem vergangenen Leben sie negativ beeinflusst, kann der Schamane über die Welt der Geister beginnen, die Probleme zu lindern. Die Betroffenen erhalten eine Chance, schlechte Taten wiedergutzumachen oder einfach einen negativen Einfluss zu besiegen, um mehr Glück in ihrem zukünftigen Leben zu erhalten.

Die Ethik des Schamanen

Die Macht und der Einfluss des Schamanen verlangen von ihm einen verantwortungsvollen Umgang mit seinen Fähigkeiten. Dies drückt sich auch in dessen Ethik aus. Danach hat der Schamane die Pflicht, gegenüber allem, was lebt und ihn umgibt, mit Respekt und Fürsorge aufzutreten. Er muss Gutes tun, um das große Ganze zu verbessern und er muss die Beschwerden der Leidenden lindern. Kurz, er darf seine Fähigkeiten nur dazu einsetzen, zu helfen, nicht aber, um zu verletzen.

Wie man Schamane wird

Schamanismus ist noch immer ein Begriff, der oft missverstanden oder sogar bewusst falsch ausgelegt wird. Wie wir schon festgestellt haben, geht es nicht um einen Priester, um Voodoo oder um irgendeine esoterische Vorstellung. Es geht um eine medizinische Kunst, um die Kunst des Heilens basierend auf einer ganzheitlichen Betrachtung, Erfahrung und Energie.

Der Kern des Schamanismus ist es auch, der ihm seine Komplexität verleiht. Etwas ganzheitlich verstehen zu wollen, ist oftmals sehr viel schwerer, als sich einen bestimmten Teil eines Bildes herauszupicken und diesen Teil zu analysieren. Dementsprechend sind die Anforderungen und Verantwortungen, die sich ein Schamane gegenübersieht.

Wo ein Schamane beginnt

Wer Schamane werden möchte, sieht sich oftmals einer schier unüberschaubaren Menge an Wissen und Problemen, Zusammenhängen, Einflüssen, Ideen und Konzepten gegenüber, dass es leichtfällt, den Überblick zu verlieren. All das wird jedoch einfacher und entwirrt, wenn man sich den Schamanen als solchen ansieht.

Schamane, das Wort bedeutet Heiler. Diesen Fakt muss man im Hinterkopf behalten. Dann ist es möglich, das Wissen über die Natur und all die tieferen Prozesse und Zusammenhänge zu fokussieren und ihnen einen zielgerichteten Sinn zu verleihen. Der Begriff, seine Intention und Aufgaben, geben Richtung und Führung auf dem Weg, den man beschreiten muss, wenn man selbst zu einem Schamanen werden möchte.

Die Aufgabe eines Schamanen richtet sich auf die Heilung aus. Darin schwimmt aber immer auch ein Verständnis für das Universum und die Wirklichkeit, also ein Konzept der Philosophie, mit. Ein Schamane ist ein Grenzgänger zwischen den Welten, dem Diesseits und dem Jenseits. Er ist ein Jäger, Krieger und Wissenschaftler. Er beobachtet alles und sieht die Zusammenhänge, die ihm das Verständnis der Natur ermöglichen.

Die Voraussetzungen

Die Komplexität des Wesens eines Schamanen und der Einflüsse, die ihn begleiten, bringen interessanterweise eine gewisse Voraussetzung mit sich. Die meisten Menschen sind so mit ihrem Leben beschäftigt, dass sie keine tiefen Einblicke in die Natur erleben und sie auch nicht erleben wollen. Ein Schamane jedoch ist anders. Er hat in den allermeisten Fällen zumindest einmal in irgendeiner Weise dem Tod in die Augen geschaut. Eine Nahtoderfahrung verändert Menschen, ihre Sicht- und ihre Denkweisen. Diese Erfahrung hat den Geist eines Menschen dahin gehend geöffnet, dass er das Wissen und die Weisheit erlangen kann, die für einen Schamanen unumgänglich wichtig sind.

Das Nahtoderlebnis gibt dem Schamanen neben einer Änderung seiner Sicht- und Denkweise auch einen Einblick in die menschliche Natur, welche es ihm gestattet, später, in seinem Werdegang als Heiler, Menschen auf dem Weg ins Jenseits zu begleiten. Er lernt, welches Mitgefühl und welcher Führung es bedarf und er kann aus seiner Erfahrung heraus auch die Hinterbliebenen viel besser trösten.

Ein Schamane wird vor allem durch seine eigene Erfahrung zu einem Schamanen. Sein Leben gibt ihm die Prägung und damit die Voraussetzung, die für seinen Werdegang als Heiler nötig ist. Er wird nicht durch die Ausbildung gemacht, sondern dort wird seine Erfahrung nur erweitert.

Eine Person kann also nicht einfach in irgendwelche Bücher gucken, irgendwelche Vorlesungen besuchen und dann noch ein oder zwei Praktika absolvieren und schon ist sie ein Schamane. Das ist einfach nicht möglich. Es muss eine Einstellung, eine Sichtweise und ein Maß an Erfahrung vorhanden sein, welche dann über die Ausbildung verbessert, vertieft und verstärkt wird.

Das bedeutet jetzt nicht, dass man nichts für seine Ausbildung als Schamane selbst unternehmen kann. Ganz im Gegenteil. Jeder kann selbst durch seine Erfahrung sein eigenes Leben in die Richtung eines Schamanen lenken. Wichtig ist, dass man ein offenes Auge für die Natur hat, dass man die Vorgänge bedenkt und durchschaut und ein Gefühl für die Energie und die Zusammenhänge, die dahinterstecken, entwickelt.

Die Entwicklung vor der Ausbildung

Ein Schamane zeichnet sich vor allem durch seine Überzeugung und seine Erfahrung aus. Seine Überzeugung macht es möglich, nach bestimmten Erfahrungen zu suchen und erlaubt es ihm im Weiteren, diese Erfahrungen richtig zu interpretieren und einzuordnen.

Ganz besonders wichtig ist für einen Schamanen, immer offen für neue Erfahrungen und neues Wissen zu sein. Ein Schamane arbeitet nicht mit Dogmen. All sein Wissen ist nur ein Fundament und dieses Fundament entwickelt sich zu einem Haus und dann zu einem Palast. Dabei wächst es, verändert sich und wandelt sich in seinen Zusammenhängen immer mehr. Kurz, ein Schamane ist immer bereit, sein Wissen neuen Erkenntnissen anzupassen, anstatt dogmatisch an Vorstellungen festzuhalten, selbst, wenn neue Ideen in andere Richtungen deuten.

Ein Schamane ist ein Wanderer. Er wandert durch das Leben, um zu lernen. Er wandert durch die Natur, um mehr zu erfahren. Er wandert durch die Welten, um sich zu entwickeln und um die Energien so zu kanalisieren, dass er damit die Leute heilen kann.

Ein Schamane muss auch ehrlich sein. Er muss die Wahrheiten erkennen und anerkennen. Das bedeutet, er muss ehrlich zu anderen, aber auch und unbedingt ehrlich zu sich selbst sein. Nur dann kann er tatsächlich die Heilung von kranken Seelen bewirken.

Der Kern der Aufgaben eines Schamanen

Die Schamanen in der Welt greifen auf das gleiche Urwissen zu. Sie bewirken Heilungen und sie erweitern das Wissen. Es ist jedoch so, dass der Schamane selbst nur das Wissen ansammelt. Er heilt nicht direkt, er nutzt sein Wissen, um die Energie und die Geister so zu beeinflussen, dass diese die Heilung bewirken. Er stößt die Heilung an, doch er selbst nimmt sie nicht vor.

Die eigentliche Ausbildung eines Schamanen

Ein Schamane wird man nicht einfach so aus einer Laune heraus. Es ist kein normaler Ausbildungsberuf und es gibt keinen Studiengang dafür an irgendeiner Uni. Vielmehr beginnt es mit einer Erkenntnis. Diese Erkenntnis entspringt einem Erlebnis und meistens der bereits angesprochenen Nahtoderfahrung. Aus dieser Erkenntnis entwickelt sich eine Neugier und daraus eine Berufung. Es ist also nicht so, dass man heute einschläft und morgen aufwacht und sich sagt, dass man jetzt ein Schamane werden möchte.

Ein Schamane hat sehr oft auch damit Erfahrung, sich mit sich selbst und seinen eigenen Schattenseiten auseinanderzusetzen. Er hat sich seinen eigenen Dämonen gestellt und ist daran gewachsen. Diese Erfahrung kann in ihm die Berufung zu einem Schamanen ausgelöst haben oder sie kann nach seinem Gefühl, dazu berufen zu sein, gemacht worden sein. So oder so, nachdem der angehende Schamane sich mit sich selbst und seiner dunklen Seite beschäftigt hat, hat er den Beginn aller Erfahrungen hinter sich gebracht. Er hat Zusammenhänge gesehen und die tiefsten Tiefen kennengelernt. Jetzt ist er bereit für das eigentliche Lernen.

Sobald ein Schamane sich und seine Tiefen kennengelernt hat, wandelt er sich zu der Person, aus der ein Schamane werden kann. Das bringt neue Muster in seinem sozialen Leben, seinen Ansichten, seinen Besitztümern und seinem weiteren Werdegang mit sich. Eine solche Erfahrung ist so tief greifend, dass es danach keinen Weg mehr zurück in ein sogenanntes „normales" Leben, mit Konsum, Gewinnstreben und Stress mehr gibt.

Ein Schamane entwickelt als Erstes ein vollkommenes Vertrauen in die Natur und alles, was ihn umgibt. Dieses Vertrauen muss zu seiner tiefsten Überzeugung werden und er muss sie ständig verspüren und sie ständig ausleben.

Auf dem neuen Weg werden den angehenden Schamanen viele neue Erfahrungen erwarten, die seine neue Überzeugung vertiefen und ihn damit mehr und mehr zu einem echten Schamanen machen.

Bestimmte Rituale, zusammen mit anderen Schamanen praktiziert, erlauben es dabei, die Grenzen des neuen Schamanen ständig zu erweitern. Dabei erhält der Schamane nicht nur neue Erfahrungen, er erlernt zugleich auch für sich selbst, seinen Horizont über diese Erfahrungen zu erweitern.

Die Rituale sind eine Suche nach neuen Visionen. Sie dauern meistens über mehrere Stunden an und können in extremen Fällen sogar ein bis zwei Tage in Anspruch nehmen. Wichtig ist, dass dabei der Kontakt mit der Natur und mit Energien sowie mit dem Jenseits aufgenommen wird.

Die Ausbildung geschieht immer über einen Mentor, welcher seinem Lehrling neue Erfahrungen machen lässt und dabei hilft, diese Erfahrungen zu verstehen. Das eigentliche Lernen geschieht aber durch den Schamanen selbst, der seine Lehren aus den Erfahrungen zieht.

Neben dem Mentor ist ein neuer Schamane vor allem ein Schüler der Natur. Er lernt von dem Universum, dem Leben und den Welten. Es ist eine Entdeckungsreise, die mit unseren westlichen Vorstellungen einer Ausbildung nichts zu tun haben.

Was ein Schamane lernt

Das Erste, was ein Schamane erlernen muss, ist, seine Sinne zu öffnen. Er muss empfänglich für all das sein, was ihn umgibt. Das bedeutet, er muss das Wissen, das die Natur ihm als Geschenk anbietet, verstehen und annehmen. Dabei muss er sich und sein Bewusstsein gegen die Hektik der heutigen Zeit und die Überflutung mit Reizen schützen, damit er in Ruhe die Erfahrungen und das erhaltene Wissen überdenken und verstehen kann.

Ein Schamane muss eine doppelte Beziehung herstellen. Als Erstes muss er in der Lage sein, seiner eigenen Intuition wieder zuzuhören. Das haben die meisten heutzutage verlernt, daher ist dies ein sehr wichtiger Schritt in der Ausbildung zu einem Schamanen. Des Weiteren muss er lernen, seine innere Stimme zu hören und ihr zu vertrauen. Seine Intuition und seine innere Stimme erlauben es ihm, seine Sinne zu schärfen und sie für neue Erfahrungen, die außerhalb unseres alltäglichen Bereiches liegen, zu öffnen. Er entwickelt dabei das, was wir als eine „übersinnliche Wahrnehmung“ bezeichnen.

Ein Schamane zu sein, bedeutet aber nicht nur theoretische Arbeit. Man braucht auch praktische Fähigkeiten, wie die Wildnisfertigkeiten. Diese erlauben es ihm, die Natur besser zu verstehen. Er kann von den Tieren lernen und versteht, wo sie leben und wie sie leben. Er wird in der Natur heimisch, kann sich dort orientieren, kennt die Pflanzen und kann Fährten lesen.

Das Erleben der Natur bringt auch ein gewisses Maß an Selbsterkenntnis für den Schamanen. Er erfährt, wer er wirklich ist und wie sein Platz in ihr aussieht. Das ist der Ausgangspunkt für das weitere Verständnis der Vorgänge. Zu einem späteren Zeitpunkt erlaubt ihm dieses Wissen, sich in der Gefühlswelt eines anderen Menschen zurechtzufinden. Er kann dessen Wissen verstehen, Traumata erkennen, hinter Masken sehen und Glaubensmuster analysieren.

Schamanen müssen weiterhin lernen, eine Beziehung zu allem aufzubauen. Nur so können sie die Welt durchdringen und die Dinge darin verstehen und kennenlernen. Sie können die Energien verstehen, mit den Geistern kommunizieren und sich in ihre Patienten hineinversetzen. Der Aufbau von Beziehungen ist eine der wichtigsten Fähigkeiten für einen Schamanen und sie geben ihm die Handlungsmöglichkeiten, die er für seine Kunst benötigt.

All das Wissen und all die Fähigkeiten müssen mit einer weiteren Fertigkeit einhergehen. Der Schamane muss lernen, sich unter dem Ansturm der Gefühle, Eindrücke und Energien zu fokussieren und eine innere Klarheit zu entwickeln und zu behalten. Es ist leicht, sich in einer Welt, die für ihn keine Grenzen hat, zu verlieren. Damit dies jedoch nicht geschieht, muss er immer ein Auge dafür haben, worum es eigentlich geht und wie er sein Ziel erreichen kann. Dann kann er heilen und dann kann er auch aus der Geisterwelt zurückkehren.

Am Ende muss der Schamane lernen, sich selbst zu heilen. Er muss in der Lage sein, die dunkle Seite in ihm wieder mit Licht zu überfluten und er muss lernen, diese Fähigkeit auch zur Heilung anderer einzusetzen. Er fokussiert dazu seine Gedanken, Gefühle und sein Wissen und kann damit die Ursachen finden und kranke Seelen heilen.

Worauf in der Ausbildung zu achten ist

Für einen Schamanen ist es leicht, sich in seiner Ausbildung zu verlieren. Daher muss er lernen, seine Intuition und seine innere Stimme als Führer auf seinem Weg zu akzeptieren und ihnen zu folgen. Er muss sich selbst kennenlernen und sehen, wie er auf Wetter, Tiere, die Natur und auf Erlebnisse reagiert. Das Verständnis für sich selbst bringt ihm am Ende auch das Verständnis für diejenigen, die er heilen möchte.

Die schamanische Heilung

Beginnen wir mit einer einfachen, aber sehr wichtigen Feststellung: Die schamanische Heilung ist keine Magie, kein Hokuspokus, kein Voodoo und keine andere Form von Kult oder von Sektenverständnis. Es ist eine Einstellung zum Leben und zur Natur. Es geht um das Herz und die Energie.

Die Grundform der Heilung

Die Heilung, die der Schamanismus praktiziert, ist die älteste Form der Naturheilkunde. Die Heilung als solches bzw. ihr Prozess ist inzwischen selbst von der WHO, der Weltgesundheitsorganisation, anerkannt. Dort betrachtet man den Schamanismus als eine Möglichkeit, psychosomatische Erkrankungen zu heilen. Das macht absolut Sinn, denn es geht bei psychosomatischen Erkrankungen um die Erkrankungen der Psyche, die den Körper, Soma, krankmachen. Der Schamanismus, der die Seele zurück in den Körper führt, heilt den Körper, indem er die Seele, also die Psyche, heilt.

Der Schamanismus als solcher bezieht sich auf die Natur und Energien. Es geht nicht um Gott und ist damit keine Religion. Dadurch ist er über alle Religionen hinweg anwendbar und steht mit keiner davon in Widerspruch. Er ermöglicht einer Person, unabhängig von ihrem Glauben, wieder ihr ursprüngliches inneres Gleichgewicht zu erlangen und damit sich selbst, den eigenen Körper und den eigenen Geist, zu heilen.

Für das schamanische Heilen gilt auch, nicht einfach nur die Krankheit zu sehen, sondern den gesamten Menschen, mit seiner Vergangenheit und seinen Einflüssen, unter die Lupe zu nehmen. Eine Seele kann nur dann geheilt werden, wenn die Verletzung offenbart wird. Dazu aber muss man sehen, was die Seele ausmacht und wie sie verletzt wurde. Anstatt dabei auf vorschnelle Rückschlüsse zurückzugreifen, muss der Mensch mit seiner Geschichte betrachtet werden, um den Punkt zu finden, an welchem die Verletzungshandlung stattfand und wie diese Verletzungshandlung genau aussah.

Ist die Ursache gefunden, dann ermöglicht der Schamane der Seele, sich selbst zu heilen. Er führt sie durch das Labyrinth ihrer Gefühle und Eindrücke und leitet sie zu dem Punkt, an dem sie sich wieder gesund mit dem Körper vereinen kann.

Der Schamane hilft dem Patienten dabei, sich selbst zu heilen, indem er ihn auf der Suche nach Heilung an die Hand nimmt und ihn durch seine Erfahrungen und Gefühle begleitet. Der Schamane teilt die Erfahrungen des Patienten. Das erlaubt ihm nicht nur die Selbstheilung zu bewirken, das führt ihm auch ständig neues Wissen zu, wodurch sich sein eigener Horizont beständig erweitert.

Schamanische Rituale

Schamanische Rituale sind ein Hilfsmittel für die Reise durch die Erfahrungen und für die Selbstheilung der Patienten. Sie haben etwas Mystisches an sich, doch das bedeutet nicht, dass sie magisch sind, sondern das liegt einfach daran, dass sich das darin verborgene Wissen uns als Normalverbraucher einfach entzieht. Wir können die Rituale nicht sofort verstehen und durchschauen, doch das bedeutet nicht, dass sie Zauberei darstellen.

In unserer Zeit haben wir uns von der Natur entfremdet. Das bedeutet auch, dass wir die Kräfte, die in der Natur schlummern und die uns helfen können, nicht kennen und auch ihre gesamte Reichweite unterschätzen. Das führt dazu, dass die meisten den Schamanismus eher ablehnen, doch das bedeutet nicht, dass sie damit richtigliegen. Man stelle sich nur vor, jemand würde mit seinem Auto in die Vergangenheit von vor mehreren Hundert Jahren fahren. Würden die Leute das Auto als Technik verstehen oder als Hexerei ansehen? Anders ausgedrückt, nur weil wir etwas nicht verstehen, sollten wir es nicht verlachen.

Die Ausprägung der Heilung

Der Schamane heilt nicht, er leitet an. Er erlaubt es dem Einzelnen, eine Verbindung zu seinem Inneren herzustellen. Damit ist es für Patienten möglich, zu verstehen, was mit ihnen geschieht und warum sie erkrankt sind. Dieses Verständnis ist der Ausgangspunkt für die spätere Selbstheilung.

Oftmals beginnt die Erkrankung damit, dass die Menschen etwas in ihrem Leben vermissen. Dies kann mit einem plötzlichen, traumatisierenden Erlebnis beginnen oder sie stecken in einer Situation, die sie langsam auffrisst. Am Ende jedoch kommt das Gefühl, dass etwas ganz Wesentliches fehlt. Die Menschen fühlen sich unvollständig, einfach nicht ganz da oder ganz ausgefüllt.

Die schamanische Heilung nun soll das Gefühl des Ganzen zurückbringen. Der Teil, der den Menschen fehlt, den sie vermissen, wird ihnen wieder zugeführt. Sie können sich vollständig fühlen und entdecken die Urkraft wieder, die uns allen innewohnt.

Neben der eigentlichen Heilung lernen die Patienten sich selbst besser kennen. Das erlaubt es ihnen, in der Zukunft ihr Leben besser zu gestalten, und die Klippen zu umfahren. Sie sind in der Lage, mit Schickschalschlägen und bedrückenden Situationen besser umzugehen. Sie werden kraftvoller und können wieder ihren Weg, der ihnen zusteht und den sie sich aussuchen, gehen.

Die spirituelle Heilung

Aus der traditionellen Sichtweise des Schamanismus ist es die Aufgabe des Schamanen, die Seele eines kranken Menschen zurück, zu seinem Körper, zu führen. Der Glaube geht dahin, dass sich die Seele des Menschen verirrt hat oder sie ihm geraubt wurde und dadurch der Körper erkrankt ist. Andererseits kann die Erkrankung auch darin bestehen, dass zu viele Seelen einen Körper bewohnen oder böse Geister oder bestimmte Gegenstände die Seele eines Menschen beeinflussen.

Für einen Schamanen bedeutet das, die Seele, die sich verirrt hat, zu finden, und sie wieder zu ihrem Körper zu bringen. Weiterhin muss er die Seele von einem bösen Geist oder bösen Einfluss befreien oder auch die Seelen, die zu viel in einem Körper sind, aus diesem herausgeleiten.

Die Idee ist also, dass die geistigen Kräfte einem Ungleichgewicht unterworfen sind. Dieses Ungleichgewicht verletzt die psychische Gesundheit, was dann zu einer physischen Erkrankung führt. Der Schamane heilt, indem er das geistige Gleichgewicht wiederherstellt.

Eine Krankheit kann aber auch in einer Veränderung der Seele bestehen. Diese wird zerrüttet oder in eine Disharmonie geworfen. Dadurch wird die Seele krank und das wiederum führt zu der Erkrankung des Körpers.

Der Schamane wird sich in eine Trance begeben. In dieser Trance kann er eine verlorene Seele kontaktieren und sie zu dem Körper zurückbringen. Er kann aber auch die Seele eines Verstorbenen oder eine fremde Lebensenergie aus dem Körper herausgeleiten und er kann einer zerrütteten Seele zu einem neuen Gleichgewicht verhelfen.

Die Lebenskraft

Nach all den Worten über die Seele wird natürlich der eine oder andere dabei stutzig. Wer religiös ist, der wird natürlich an eine Seele glauben, aber dass diese den Körper verlässt? Man sollte jedoch nicht vergessen, dass man es hier mit einer alten Kunst zu tun hat. Diese verwendet nicht moderne Begriffe und daher sollte man auch den Begriff Seele nicht so eng fassen. Es ist besser, wenn man die Seele aus dem Schamanismus mehr als die Kraft des Lebens, also die Lebenskraft, versteht.

Nun erscheint selbst das Wort „Lebenskraft“ für den einen oder anderen als ein wenig anstößig oder lustig. Wer jedoch ein wenig älter ist und schon Einiges erlebt hat, der versteht das Wort „lebensmüde". Dahinter verbirgt sich einfach die Kraftlosigkeit, Mattheit oder eben die Müdigkeit, die man empfindet, wenn man über das Leben nachdenkt. Lebensmüde Menschen haben keine Lebenskraft mehr und sie sind selbstmordgefährdet.

Man kann das Wort „lebensmüde" und das Wort „Lebenskraft" in einen Zusammenhang setzen. Unser Leben stellt uns ständig vor neue Herausforderungen und Hürden. Um diese zu bewältigen, um mit unangenehmen Situationen und Erfahrungen umzugehen, brauchen wir Kraft. Das ist die Lebenskraft. Ohne diese Lebenskraft sind wir lebensmüde. Wir resignieren, geben innerlich auf und versuchen nicht mehr, irgendwelche Ziele zu erreichen. Wir ziehen uns in uns selbst zurück, verfallen dem Alkohol, vernachlässigen uns und unser Leben. Der Schamane nun, wenn er von Seele spricht, bezieht sich auf diese Kraft, die wir brauchen, um unser Leben zu bewältigen.

Lang anhaltende Belastungen können die Lebenskraft aufbrauchen. Ebenso können traumatische Erfahrungen, besonders in der Kindheit, uns müde gegenüber den Herausforderungen des Lebens machen. Viele Menschen, die traumatische Erfahrungen hinter sich haben, ziehen sich von ihrer Umwelt zurück. Sie verzweifeln, fühlen sich unverstanden und allein. Diese Verletzungen, die ein Schamane als Erkrankungen der Seele bezeichnen würde, sind in Wahrheit psychische Folgen und sie können körperliche Erkrankungen hervorbringen. Umgekehrt, wenn jemand, zum Beispiel ein Schamane, es einer Person ermöglicht, mit den negativen Erfahrungen umzugehen, mit ihnen fertig zu werden und sie zu bewältigen, kann er tatsächlich seine Psyche und seinen Körper heilen.

Was die Heilung von seelischen Erkrankungen, also traumatischen Erlebnissen, die unsere Lebenskraft aufbrauchen, so schwer macht, das ist der Selbstschutz unserer Psyche. Dieser verdrängt nämlich die Erfahrungen, damit wir sie vergessen. Sie sind jedoch weiterhin in unserem Unterbewusstsein vorhanden. Dort schlummern sie und warten darauf, uns mit ihren negativen Eindrücken und Gefühlen zu beeinflussen.

Die Trance des Schamanen, die Reise in das Jenseits, der Kontakt mit der Seele des Betroffenen, ist dann tatsächlich der Versuch, die verdrängten Erlebnisse wieder hervorzubringen, damit sie bewältigt werden können. Das Finden der Verletzung ist das Finden der verdrängten Erinnerung. Das Heilen der Seele ist die Bewältigung des erlittenen Traumas.

Ist das Trauma verarbeitet, dann fühlt der Betroffene, wie seine Lebenskraft zu ihm zurückkehrt. Er kann wieder mit dem Leben und seinen Herausforderungen umgehen und mit ihnen fertig werden.

Die Seele

Die Seele bzw. ihr Anteil an uns ist also nur ein Ausdruck für die Kraft, die wir für unser Leben benötigen. Wenn uns unsere Seele bzw. Lebenskraft fehlt, empfinden wir einen Verlust, dass uns etwas fehlt. Dieser Verlust hinterlässt ein Loch in uns, welches wir dann versuchen, mit etwas anderem zu füllen. Dies sind sehr oft dann Drogen und andere Suchterkrankungen. Es können aber auch Psychosen und Zwangshandlungen sein

Die Seele geht verloren, wenn wir einen Schicksalsschlag, eine Krise oder eine Veränderung erleben. Dies kann im Tod eines Angehörigen bestehen, in der Trennung von einem Partner, einem Unfall, bei dem man nur knapp dem Tod entrinnt oder einfach nur die Pubertät, mit all ihren neuen Eindrücken.

Ist das Erlebnis zu schlimm, wird es verdrängt. Damit stellt es unsere Seele bzw. einen Seelenanteil dar und dieser ist durch die Unterdrückung ganz einfach verschwunden. Die Störung, die dieses verdrängte Erlebnis in unserem Unterbewusstsein auslöst, ist dann eine erkrankte Seele, eine Seele, die zu viel ist oder eine Seele in Disharmonie.

Wie man den Verlust einer Seele erkennt

Der Verlust der Seele ist der Verlust von Lebenskraft. Das bedeutet, dass dies immer dann vorliegt, wenn man sich leer, sinnlos, kraftlos oder einfach nur depressiv fühlt. Wer eine gute Qualität an sich verloren hat, wer nur noch mit halber Kraft durch das Leben schlurft, der hat einen Seelenverlust erlitten, also weniger Kraft als zuvor.

Die Seele zurückbringen

Das Zurückbringen der Seele geschieht dadurch, dass man das traumatische Erlebnis, das verdrängt wurde, wieder in das Bewusstsein des Patienten holt. Dann wird dem Betroffenen geholfen, das Trauma zu verarbeiten und dadurch wieder an Energie, an Lebenskraft zu gewinnen. Bald wird der Betroffene wieder unbeschwert durch sein Leben gehen und mit allen Herausforderungen fertig werden können.

Ein Schamane ist kein Doktor und kein Psychiater

Eine schamanische Heilung ist kein Besuch bei einem Doktor. Es werden nicht einfach körperliche Symptome bekämpft, aber die Ursachen aus dem Blick gelassen. Es ist auch keine psychiatrische Behandlung, in der in Gesprächen das Erlebte analysiert wird.

Eine schamanische Heilung ist eine spirituelle Heilung. Sie soll die Harmonie im Inneren des Patienten wiederherstellen. Dann kann die Psyche die Probleme verarbeiten und auch der Körper kann wieder unbeschwert existieren.

Wie die Heilung funktioniert

Es gibt immer mehr Heiler in Deutschland, die sich auf die schamanische Kunst spezialisiert haben. Da ist es natürlich, dass die Leute immer mehr wissen wollen, wie denn der Heilerfolg zustande kommt bzw. wie eine Sitzung abläuft.

Die Sitzung

Heilungen können nach verschiedenen Grundsätzen ablaufen, doch immer sind dabei Rituale im Spiel. Diese Rituale können in einer Sitzung eins zu eins, also ein Betroffener mit einem Heiler, stattfinden, oder im Rahmen einer Gruppensitzung vorgenommen werden.

Gruppentherapien haben oftmals nur 20 oder weniger Teilnehmer, es hat aber auch schon einzelne Fälle gegeben, bei denen mehr als 100 Personen anwesend waren. Überwiegend häufig sind jedoch Einzelsitzungen, denn diese liefern einen besseren Rahmen. Der Schamane kann sich mehr auf ein Problem bzw. eine Seele konzentrieren, was die Heilung erleichtert.

Auch wenn Einzelsitzungen überwiegen, kommen viele, die anfangs noch skeptisch sind, das erste Mal über eine Gruppensitzung mit einem Schamanen in Kontakt. Zu solchen Anlässen werden Rituale durchgeführt, die sich auf nur einen Teil oder eine Einzelperson unter den Anwesenden konzentriert. Die anderen sind nur Zuschauer und ergreifen dann später eine andere Gelegenheit, um den Schamanen allein zu konsultieren.

Werden Personen in einer Gruppensitzung ausgewählt, dann geschieht dies oftmals nach dem Kriterium der Resonanz. Wie verhält sich die Energie der ausgewählten Person gegenüber den anderen Personen? Je mehr Verbindungen über eine Person aufgebaut werden können, desto wahrscheinlicher ist es, dass diese in der Sitzung behandelt wird.

Bei Einzelsitzungen ist eine solche Auswahl nicht möglich und nicht nötig. Hier konzentriert sich der Schamane auf die eine Person. In einer Gruppensitzung dagegen sind es die ausgewählten Personen, die über ihre energetische Verbindung einen Kanal zwischen dem Schamanen und den anderen Anwesenden öffnen.

Verbindungen zwischen dem Schamanen und dem Betroffenen bzw. mit dem Betroffenen und über ihn mit den übrigen Anwesenden werden durch bestimmte Hilfsmittel und Handlungen aufgebaut. Dazu gehören ein indianischer Heilgesang und das Schlagen einer schamanischen Trommel. Der Gesang und der Klang der Trommel ermöglichen es dem Schamanen, sein Bewusstsein und seine Wahrnehmung zu erweitern, um dann die eigentliche schamanische Heilung zu bewirken.

Die Lesung des Energiefeldes

Bevor eine Behandlung beginnen kann, muss das Energiefeld des Betroffenen gelesen werden. Der Schamane begibt sich in eine Trance und steigert seine Wahrnehmung. Über diese gesteigerte Wahrnehmung setzt er sich mit dem Energiefeld des Betroffenen in Verbindung. Es gilt nun, zu sehen, wie klar dieses Feld oder wie belastet es ist.

Für den Betroffenen stellt sich die Lesung des Energiefeldes so dar, dass der Schamane sein Unterbewusstsein untersucht. Dort versucht er, all die Probleme zu finden, die die Energiefelder negativ beeinflussen und damit den Aufbau einer klaren Aura verhindern.

Die Reinigung

Der Schamane bringt die Ursachen für das gestörte Energiefeld ans Licht. Er spricht aus, was den Betroffenen belastet. Das können Minderwertigkeitskomplexe sein, ein traumatisches Erlebnis, das Gefühl, etwas im Leben nicht richtig zu machen oder auch andere Belastungen, die wir vor uns selbst verbergen.

Die Reinigung geschieht, indem das, was uns belastet, aus dem Dunkel unseres Unterbewusstseins hervorgeholt wird. In unser Bewusstsein gebracht, können wir uns den Problemen stellen. Auch dabei ist der Schamane behilflich. In einem Dialog gibt er Handlungsalternativen und beschreibt, wie man negativen Mustern entkommen kann.

Die Seele des Betroffenen verliert die unbewusste Belastung und erhält so neue Kraft, um sich mit den Problemen und dem Leben an sich auseinanderzusetzen. Das bereitet dann den nächsten Schritt der Heilung vor.

Die Reintegration

Die Seele, die eine Reinigung erfahren hat, wird nun im nächsten Schritt wieder mit dem Körper vereinigt. Dabei bringt sie eine neue Kraft mit sich und kann dann wieder weiter durchs Leben gehen. Die Betroffenen erhalten das Wissen darüber, was geschehen ist und wie ihnen geholfen wurde. Sie bekommen eine Hilfe für die Zukunft in bestimmten Mantren, die es in der Zukunft ermöglichen, eine Schädigung der Seele zu vermeiden, indem man neuen Problemen von vornherein mit Kraft begegnet.

Die Ebene des Herzens

Die Heilung bei einem Schamanen hat einen großen Vorteil. Unser Körper und unsere westliche Zivilisation haben diverse Schutzmechanismen aufgebaut, die es uns ermöglichen sollen, mit negativen Erfahrungen umzugehen und den Schwierigkeiten des Lebens standzuhalten. Diese Schutzmechanismen sind jedoch in unserer Kultur sehr oft negativ für uns selbst.

Haben wir ein traumatisches Erlebnis gehabt, dann besteht der Schutz darin, es zu verdrängen. Aus dem Bewusstsein verbannt, soll es keine Wirkung mehr auf uns haben. Leider aber ist das Gegenteil der Fall.

Aus unserem Bewusstsein verbannt, haben wir kaum eine oder keine Chance mehr, das Erlebte zu verarbeiten. Anstatt also mit dem, was geschehen ist, fertig zu werden, bleibt es unverändert als nicht verarbeiteter Eindruck in uns verankert.

In unserem Unterbewusstsein eingenistet, erlangt ein Trauma eine unheimliche Macht. Es kann all unsere gegenwärtigen und zukünftigen Handlungen beeinflussen. Es beeinflusst unsere Entscheidungen und Gefühlswelten. Es bringt uns dazu, zu trinken, uns die falschen Freunde auszusuchen oder unsere Beziehungen zu ruinieren. Das negative Erlebnis, für uns unangreifbar, kann uns nun immer wieder, jeden Tag, jede Stunde und jede Minute, attackieren.

Normalerweise sind wir solchen Verdrängungen wehrlos ausgeliefert. Ein Schamane jedoch kann sie zum Vorschein bringen. Anstatt uns nun nicht mehr wehren zu können, ist es möglich, die Erfahrungen zu verarbeiten und dann aus ihnen in positiver Weise zu lernen. Anstatt uns also selbst langsam zu vernichten, können wir wachsen und stärker werden.

Es ist die Ebene unseres Herzens, welche das Gefühl und unsere Lebenskraft beherbergt, die es dem Schamanen erlaubt, diesen selbstzerstörerischen Selbstschutz zu unterlaufen.

Die schamanische Heilung hat neben dem Heilungserfolg selbst auch noch sehr wichtige Begleiterscheinungen. Die Heilbehandlung bringt die negativen Erfahrungen wieder hervor, der Betroffene ist jedoch nicht gezwungen, die schlechten Gefühle, die das ursprüngliche Trauma begleitet haben, erneut zu durchleben. Vielmehr können die negativen Gefühle aus ihm herausgleiten, sodass er sich sofort unbeschwert und frei fühlt.

Die Tatsache, dass Erlittene nicht erneut erleben zu müssen, erlaubt auch ein gewisses Maß an Distanz zwischen dem Erleben und dem Betroffenen. Das erlaubt es diesem, die Erfahrung besser zu verstehen und aus ihr seine Lehre zu ziehen. Er kann dabei als Beobachter und nicht als Leidender auftreten.

Was geschieht dabei?

Die Heilung geht davon aus, dass es die Gefühle, nicht unsere Gedanken, sind, die uns beherrschen. Das kann man auch daran erkennen, dass wir bereits im Mutterleib, lange, bevor wir den ersten Gedanken denken können, in der Lage sind, Gefühle zu empfinden.

Während sich unser Gefühlswesen also zuerst entwickelt, legt sich unser bewusstes Denken erst ein oder zwei Jahre danach darüber. Wir entwickeln also ein Ur-Ich und ein bewusstes Ich.

Während der Entwicklung unseres bewussten Denkens erleben wir viele Konflikte. Diese beginnen, wenn wir damit anfangen, uns von unseren Eltern abzugrenzen und eine eigenständige Persönlichkeit sein zu wollen.

Später können wir uns kaum noch an die Anfangszeit unserer bewussten Entwicklung erinnern. Eine Erinnerung an unsere gefühlsmäßige Entwicklung gibt es gleich gar nicht. Dennoch ist sie nicht verloren. Sie ist in dem Energiefeld, das uns umgibt, abgespeichert. Je nach seiner Ausprägung entwickeln wir eine unterschiedliche Ausstrahlung und ziehen wir unterschiedliche Personen und Ereignisse an.

Ein Schamane begibt sich in eine Trance und vermag es dann, unseren Seelenzustand über die Leuchtkraft unserer Aura abzulesen. Er kann erkennen, welche Art von Leuten wir anziehen und welche Erlebnisse wir durchlaufen haben.

Ein Schamane vermag es dann, die Energie zu beeinflussen. Dadurch können verborgene Konflikte gelöst werden und wir werden von unseren Traumata befreit. Wir haben dann wieder Freude am Leben und die nötige Kraft, um jeden Tag von Neuem unseren Weg fortzusetzen.

Die Behandlung selbst dauert nur eine bis zwei Stunden pro Sitzung. In den meisten Fällen muss sie zwei- bis viermal wiederholt werden. Dann haben die Betroffenen das, was sie bedrückt, verarbeitet und können wieder unbeschwert ihr Leben leben.

Die Energiemedizin

Die schamanische Heilung funktioniert über die Energie, die in jedem Einzelnen steckt. Diese Energie wird auch als Aura bezeichnet. Die Aura umgibt uns wie ein Lichtfeld. Wir können es nicht sehen, aber wir können es mit speziellen Fotografien sichtbar machen. Ein Schamane braucht die Technik jedoch nicht. Er kann eine Aura direkt wahrnehmen. Da die Heilung über die Energie erfolgt, wird sie auch als Energiemedizin bezeichnet.

Die Aura

Unsere Aura spiegelt das, was wir erlebt haben, wider, denn es wird in ihr gespeichert. Zugleich aber beeinflusst sie auch uns und unsere Umwelt. Eine gesunde Aura hilft uns, erfolgreich durch unser Leben zu gehen und alles zu erreichen, was wir wollen. Eine kranke Aura dagegen wird das Negative anziehen und uns in unserem Leben behindern.

Die schamanische Energiemedizin zielt darauf ab, eine Verletzung der Aura zu erkennen und diese Verletzung zu heilen. Das bedeutet, dass sie dafür sorgen kann, dass ein Mensch glücklich und erfolgreich ist.

Die Energiemedizin ist weit verbreitet. Demzufolge muss sie einem gemeinsamen Urwissen entspringen. Sie ist jedoch keine Religion, sondern eine spirituelle Praxis. Dabei wird die Aura als Seele bezeichnet, doch das hat mehr kulturelle und entwicklungstechnische Gründe.

Die Religion

Die Energiemedizin existiert neben den Religionen und arbeitet unabhängig von ihnen. Das lässt sich auch daran erkennen, dass Schamanen in den meisten Religionen vorkommen und der Mensch, der als Schamane arbeitet, mal dieser und mal jener Religion angehören kann.

Häufig wird das Schamanentum mit einer Naturreligion gleichgesetzt. Dieser Irrtum ist verständlich, denn die Heilung hat einen starken Bezug zur Natur und sie wird besonders von Naturvölkern angewendet.

Das Talent

Ein Talent zum Lernen und ein erweitertes Verständnis sind notwendig, wenn man ein erfolgreicher Schamane werden möchte, doch sie sind nicht ausreichend. Wichtig ist auch, dass man eine Verbindung zu Auren herstellen kann und bereit ist, aus verschiedenen Erfahrungen, vor allem aus der Natur heraus lernen kann, und die Erfahrungen für sich zu interpretieren in der Lage ist.

Die Energiemedizin verlangt, dass man die Aura wahrnehmen kann. Dies ist die Voraussetzung für jede Diagnose. Dazu kommt, dass man auch Einfluss auf die Aura eines anderen Menschen ausüben muss. Ein Schamane muss die Fähigkeit haben, einen Trancezustand gewollt herbeizuführen, um dann über die erweitere Wahrnehmung, die dieser bringt, die Auren anderer Menschen zu sehen und mit ihnen zu interagieren.

Die Hilfe

Die Energiemedizin wird oftmals so wahrgenommen, dass sie einem einzelnen Lebewesen, gewöhnlich einem Menschen, hilft. Während dies in der überwiegenden Zahl der Fälle auch zutrifft, geht die Heilung mitunter auch darüber hinaus. Dann erstreckt sie sich auf eine Person und ihre Interaktion mit einer Gemeinschaft oder aber ihrer Interaktion mit anderen Geistern.

Die Energie, die uns umgibt, wird nicht nur von den Schamanen wahrgenommen. Sie wurde inzwischen mehrfach gemessen und fotografiert. Sie ist also eine Tatsache. Der Körper erhält seine Steuerung durch das Unterbewusstsein. Unser Bewusstsein wird durch unsere

Aura gesteuert. Sie enthält damit die Ursache für unsere Probleme und deren Lösung. Ein Schamane muss sie wahrnehmen können, um sie zu analysieren, und sie beeinflussen können, um sie zu heilen.

Die Energiemedizin heute

Wurde die schamanische Energiemedizin früher belächelt, werden heute mehr und mehr Aspekte davon nachgewiesen. Dazu kommt, dass die Menschen in den industrialisierten, westlichen Ländern immer mehr das Gefühl bekommen, dass etwas Wichtiges in ihrem Leben fehlt. Sie wenden sich alten Künsten zu und so gewinnt auch der Schamanismus wieder an Bedeutung.

Fachblätter und Forschung beschäftigen sich mit der Urmedizin, die uns das zu geben verspricht, was uns klassische Medikamente vorenthalten. Es mag noch immer Schwierigkeiten dabei geben, alle Dinge, die mit einer schamanischen Heilung in Zusammenhang stehen, zu erklären. Das bedeutet aber nicht, dass sie nicht wahr sind. Fakt ist, dass der Schamanismus mit seiner Energiemedizin, dem Lesen und Heilen von Auren, immer mehr Leuten dabei hilft, die Qualität ihres Lebens erheblich zu verbessern.

Heute wird immer mehr die Sichtweise der klassischen Medizin erweitert. Dazu gehört, dass alte Heilverfahren neu entdeckt und angewendet werden. In diesem Rahmen erlebt auch der Schamanismus seine Renaissance.

Man muss sich jedoch auch davor hüten, unrealistische Erwartungen zu hegen. Nicht alles kann mit dem Schamanismus geheilt werden. Er gibt eine Chance, uns von den Dingen zu befreien, die uns bedrücken. Er kann die Krankheiten heilen, die durch eine kranke Seele hervorgerufen wurden, er kann jedoch nicht alles heilen. Manche Dinge gehören weiterhin in den Bereich der Schulmedizin und andere verlangen einfach nach einem gesunden Lebenswandel.

Der Schamanismus ist ein Helfer in vielen Bereichen, aber kein universelles Allheilmittel. Daher sollte man sich ihm mit realistischen Erwartungen nähern und dann kann man auch eine Verbesserung durch ihn erfahren.

Die Chakren

Die schamanische Energiemedizin konzentriert ihren Blick auf die sogenannten Chakren. Dabei handelt es sich um Energiezentren, die uns umgeben. Diese befinden sich 10 cm vom Körper entfernt. Sie sind sowohl auf der Vorder- als auch der Rückseite zu finden. Sie steuern das zentrale Nervensystem und sie liefern die Energie für die Nerven und die Organe. Sie liefern also die Lebenskraft, die wir täglich benötigen.

Sind unsere Chakren gesund, haben wir genug Energie dafür, unser Leben zu meistern. Wie sind körperlich gesund, fühlen uns motiviert und sind insgesamt in einer guten Stimmung. Sie sind also das, was wir für ein normales Leben benötigen.

Sind wir jedoch krank oder fühlen wir, das uns etwas fehlt bzw. haben wir keine Motivation mehr oder wollen wir einfach nicht mehr weitermachen, dann sind unsere Chakren nicht in Ordnung. Diese können mit toxischen Energien verschmutzt sein oder ihre Verbindung zu unserem Körper ist gestört. In beiden Fällen erhalten wir nicht genug Lebenskraft. Wir sind unterversorgt. Wir fühlen uns kraftlos, bleiern, nervös und unser Immunsystem ist nicht mehr in der Lage, uns zu schützen. Wir werden über die kranken Chakren langsam, aber sicher, fehlgesteuert.

Man muss jedoch nicht verzweifeln, wenn man an den hier beschriebenen Symptomen leidet. Es gibt verschiedene Wege, wie man mit verschmutzten oder nicht richtig verbundenen Chakren umgehen kann.

Das Erste, was ein Schamane tun kann, ist eine Extraktion. Dahinter verbirgt sich die Entfernung all der Energie, die nicht auf die Chakren gehören. Dabei kann es sich um alte Energie, um verdichtete oder um parasitäre Energie handeln. Welche Art auch immer sie hat, die Energie, die die Chakren verschmutzt, wird entfernt.

Die Chakren können mit toxischer Energie in Berührung gelangen, wenn wir emotionale Nöte erleiden, Stress erleben oder Reizen überflutet werden. Das alles führt zu einer energetischen Schlacke. Diese lagert sich ab und verhärtet. Sie stört unseren Energiehaushalt. Sie bremst die Weiterleitung der Energie und verlangsamt ihren Aufbau.

Eine weitere Quelle können sogenannte Eindringlinge sein. Dabei handelt es sich um Verwünschungen und Flüche. Auch sie vermögen es, unser System mit schlechten Energiesignaturen zu belasten.

Die Extraktion entfernt die schlechte Energie und die Schlacke. Das bedeutet, dass das, was uns krank macht, verschwindet. Wir fühlen uns in unserem Körper wieder wohl und wir erhalten unsere seelische Harmonie zurück.

Eine weitere Form der Heilung besteht in dem Chakra-Clearing. Hier werden die Chakren zuerst untersucht. Es liegt meist eine Ablagerung alter Energie vor, die sich verhärtet hat. Diese Energie wird gelockert und dann kann sie von selbst abfließen. Im Gegensatz zur Extraktion ist es nicht der Schamane, der die Energie entfernt. Er lockert sie nur so weit, dass sie dann im natürlichen Energiefluss abgebaut werden kann.

Die Energiemedizin arbeitet auch mit der geistigen Heilung. Hier legt der Schamane seine Hände auf den Körper des Betroffenen. Dabei überträgt dieser ihm genügend Energie, damit er eine eigene Genesung beginnen kann. Hat er genug Stärke erlangt, übernehmen die Selbstheilungskräfte des Betroffenen selbst. Das geistige Heilen ist eine der häufigsten Therapieformen. Hiermit können alle Erkrankungen der Seele und alle Störungen des Energiefeldes behandelt werden.

Zusammen bieten die Extraktion, das Chakra-Clearing und das geistige Heilen dem Schamanen genügend Handlungsmöglichkeiten, um gegen eine erkrankte Seele etwas unternehmen zu können. Frische, neue Energie wird dabei dem Körper zugeführt und die Chakren können wieder auf ihrer ursprünglichen Frequenz schwingen. Das wiederum macht es möglich, dass die Aura genügend Energie erhält, um den Körper zu steuern und zu versorgen.

Über die Extraktion, das Chakra-Clearing und das geistige Heilen hinaus gibt es noch die Chakra-Heilung. Dabei handelt es sich um eine präventive Maßnahme. Es muss keine Erkrankung vorliegen, um sie anzuwenden. Sie erlaubt es vielmehr, schon kleine Störungen

zu beseitigen, bevor sich diese zu einer Krankheit ausweiten. Auch hierbei spürt man einen deutlichen Anstieg an Energie, die man täglich zur Verfügung hat.

Die Heilung durch Emotionen

Ein Schamane versetzt sich für seine Heilung in eine Trance. Diese Trance hat einen Effekt auf seine Gefühle und sein Bewusstsein. Es verändert seine Wahrnehmung und die Reaktionen seines Körpers. Über diese Veränderung erhält er seinen hellen Geist und kann er verstehen, was in der Seele des Betroffenen vorgeht.

Die Idee hinter der Heilung, hinter der Notwendigkeit der Heilung, kann man heute aus neuer Sicht erklären. Wir alle denken, dass wir normalerweise unsere Entscheidungen auf rationaler, auf denkender Ebene fällen. Die Wahrheit ist jedoch, dass wir sie auf der Grundlage unserer Emotionen treffen. Was wir fühlen, das bestimmt unser Wollen und was wir wollen, das bestimmt unsere Entscheidung.

Jeder Marketer weiß es, dass wir die Emotionen der Leute ansprechen müssen, wenn wir sie zu einem Kauf unseres Produktes bringen wollen. Auf dieser Grundlage ist es auch verständlich, warum es auf eine gesunde Seele ankommt.

Eine kranke Seele ist ein verdrängtes Trauma in unserem Unterbewusstsein. Unser Unterbewusstsein wird durch dieses verdrängte Trauma beherrscht und beeinflusst das Bewusstsein durch Gefühle. Diese Gefühle wiederum verursachen unsere Entscheidungen. Damit erhält das Trauma die Macht, unsere Entscheidungen über die negativen Gefühle, die es bringt, zu steuern.

Die Seele ist Energie und die Energie ist Emotionen

Die Seele, von der wir in der schamanischen Heilung sprechen, ist die Energie, das Chakra, die Aura, die uns umgibt. Diese Energie kann man für einen Laien auch einfacher verständlich machen. Diese Energie ist das, was unsere Emotionen hervorbringt. Es handelt sich dabei um unser Unterbewusstsein.

Ein Schamane, der mit Energie heilt, bemüht dabei in Wahrheit unsere Emotionen. Da wir unsere Entscheidungen tatsächlich auf emotionaler Ebene treffen, sind es die Gefühle,

die sie bewirken. Das bedeutet, dass eine kranke Seele eine negative Energie darstellt, welche zu schlechten Entscheidungen führt.

Die Fehlentscheidungen, die wir treffen, werden dabei noch durch Ängste und psychisches Fehlverhalten unterstützt bzw. untermauert. Eine Heilung muss sich also auf unsere Emotionen konzentrieren, damit diese uns nicht in ihrer negativen Ausprägung beherrschen können.

Der Schamanismus hat sich, bewusst oder unbewusst, genau der Methoden bemüht, die es erlauben, das Unterbewusstsein auf emotionaler Ebene zu erreichen und zu beeinflussen. Der Schamanismus ist in diesem Sinne ein Kollege der Psychotherapie. Er sieht in das Unterbewusstsein, findet die verdrängten Traumata und bringt sie zum Vorschein, damit sie verarbeitet werden können und so ihre Macht verlieren.

Die Intuition

Ein Schamane muss auf seine innere Stimme und seine Intuition hören. Dahinter verbirgt sich nichts anderes, als seine eigenen Emotionen, die er kennen und verstehen muss, bevor er ein Schamane sein kann.

Auch jeder andere Mensch erlebt Intuitionen und eine innere Stimme. Woher aber kommt diese Eingabe aus dem Nichts, der wir nur allzu häufig einfach folgen? Sie kommt aus unserem Unterbewusstsein und sie ist die Summe unseres Erlebten. Das bedeutet, wer ein gesundes Unterbewusstsein mit gesunden Emotionen hat, wird auch gesunde Entscheidungen fällen können. Wessen Emotionen jedoch durch ein Trauma beeinträchtigt sind, wird nur falsche Entscheidungen treffen.

Die Intuition gibt uns die Entscheidungen vor, basierend auf den Misserfolgen und den belohnten Erfolgen. Ein Trauma ist ein großer, starker Misserfolg, an den wir uns aufgrund der Verdrängung nicht bewusst erinnern können. Dieser beherrscht nun mit seinem Gefühl unsere Entscheidungen und nimmt immer das Schlechte zuerst an.

Ein Schamane sieht über das Energiefeld das Trauma. Er sieht die Beeinflussung unserer Gefühle. Wir mögen sie durch einen inneren Druck verspüren, den wir aber als normal wahrnehmen. Hat der Schamane die Beeinflussung durch das Trauma beendet, dann fehlt auch der Druck. Wir fühlen uns erleichtert, voller Energie und Kraft und sind bereit, einfach wieder viele, neue und vor allem richtige Entscheidungen zu treffen.

Der Verstand

Nun denken die meisten, dass der Verstand die Entscheidungen trifft. Experimente jedoch, in denen es um rasche Entscheidungen ging, haben das Gegenteil bewiesen. In Wahrheit ist der Verstand als solcher einfach viel zu langsam, um die Entscheidungen tatsächlich fällen zu können. Unser Unterbewusstsein, mit seinen Emotionen, gaukelt uns nur die Idee vor, dass wir unsere Entscheidungen bewusst und rational treffen.

Von dieser bewiesenen Tatsache ausgehend wird es umso klarer, warum eine verwundete Seele kein gutes Leben führen kann. Die Verwundung ist emotional. Die Emotionen treffen die Entscheidungen. Damit setzt sich die Verwundung in das gesamte weitere Leben fort. Es sind also unsere Wunden, unsere Traumata, die uns definieren.

Wer die Sache biologisch betrachten möchte, muss sich verdeutlichen, dass unsere Sinneswahrnehmung uns mit 11 Millionen Nervenimpulsen pro Sekunde bombardiert. Davon kann das Bewusstsein jedoch gerade mal 40 verarbeiten. Was passiert mit dem Rest? Viele Leute haben es schon erlebt, dass in einer besonderen Stresssituation, zum Beispiel während eines Unfalles, bestimmte Wahrnehmungen gar nicht mehr zu uns durchdringen. Wir sehen bestimmte Dinge nicht oder wir hören sie nicht. Der Rest wird theoretisch ausgeblendet. In Wahrheit jedoch wird er von dem Unterbewusstsein aufgenommen und verarbeitet und es ist das Unterbewusstsein, das daraufhin die Entscheidung fällt und an unser Bewusstsein übermittelt.

Das Unterbewusstsein filtert die Sinneseindrücke für das Bewusstsein ebenso vor, wie die Entscheidungen, die dieses zu treffen hat. Wir alle sind demnach gefühlsmäßig entscheidende, nicht denkende, Wesen.

Die Beeinflussung der Emotionen

Emotionen sind tatsächlich sehr einfach zu beeinflussen. Es ist leicht, jemanden in einen sehr emotionalen Zustand zu bringen und die Wahrheit ist, dass wir alle diesen Zustand wollen, ihn herbeisehnen und wann immer möglich auch wissentlich und willentlich erreichen.

Wir alle wollen Emotionen, deswegen sehen wir uns Liebesgeschichten im Fernsehen an und verschlingen sie in Buchform. Wir sehen Horrorvideos, weil wir uns fürchten wollen, und wir spielen Spiele, um weitere Emotionen hervorzubringen. Emotionen beherrschen uns und wir wollen, dass sie uns beherrschen. Sie beeinflussen uns und wir beeinflussen sie.

Rituale sind das kraftvollste Mittel, das wir haben, um unsere Emotionen bewusst in einen bestimmten Zustand zu versetzen. Rituale sind es auch, die dem Schamanen Zugang zu unseren Emotionen gewähren. Sie sind es, die seine Emotionen und seine emotionale Wahrnehmung erweitern, womit er unsere Emotionen als Ausstrahlung erkennen kann.

Rituale benutzen Bewegungen, Musik, Gesang, Kräuter, Essen, Getränke und Gerüche, um unsere emotionale Ebene zugänglicher zu machen. Damit können wir die Tore von unserem Bewusstsein aus in das Unterbewusstsein öffnen und wir können das herauslassen, was dort eingesperrt und verdrängt schlummert.

Die Rituale ermöglichen die Beeinflussung aber nicht einfach nur dadurch, dass sie den Zugang zu den Emotionen öffnen. Rituale haben immer eine Idee. Diese Idee wird über die Gedanken und das Bewusstsein in das Unterbewusstsein geleitet. Da zugleich eine Öffnung der Emotionen stattfindet, erhält auch die Idee eine sehr starke Kraft, die ausreicht, um die schlummernden Emotionen zu beeinflussen. In anderen Worten, das Ritual hat ein Ziel, welches als Idee in unser Unterbewusstsein dringt und dort zu einer Veränderung führt.

Schamanen benutzen die Rituale gezielt, um die Emotionen der Betroffenen zu erreichen, während sie dem Ritual zugleich eine Bedeutung geben, die die eigentliche Beeinflussung hervorbringt. Das bedeutet, die Rede von Seelen, Heilung, Energie und Auren, das alles ist die Idee, die in uns eingepflanzt wird. Das klingt nun ein wenig negativ, doch in Wahrheit ist dies eine Idee der Heilung, also durch und durch positiv. Die Idee ist ein Geschenk, das, sobald akzeptiert und verankert, seine Wirkung in uns entfaltet. Damit ist es tatsächlich eine Medizin, die wir über die Emotionen einnehmen.

Die Macht der Rituale ist dabei so stark, dass sie sogar im Tierreich auftritt. Dort gibt es Paarungstänze, Paarungsrufe und andere, sich wiederholende Verhaltensmuster, die einfach dem entsprechen, was wir als Ritual kennen.

Der Heilerfolg

Der Schamanismus ist, wenn man ihn in die Worte der heutigen Welt fasst, einfach eine psychische Heilung. Unser Verstand ist permanenten Eindrücken ausgesetzt, die als Gefühle in unser Unterbewusstsein dringen. Dort werden besonders Traumata dann eingesperrt, vergessen, verdrängt. Sie sind jedoch noch immer da und entfalten ihre Wirkung über die Emotionen, die unsere Entscheidungen und damit unser gesamtes Leben beeinflussen. Dazu kommt unser Wohlbefinden, unsere gesamte Kraft und alles andere, was mit unserem Gemütszustand in Verbindung steht.

Der Schamane erkennt den kranken, emotionalen Zustand und pflanzt die heilende Idee in uns. Diese, durch das Ritual verstärkt, welches zugleich die emotionale Tür zu unserem Unterbewusstsein öffnet, erlaubt dann die eigentliche Heilung.

Schamanische Rituale

Verschiedene Rituale erlauben es dem Schamanen, unser Unterbewusstsein zu erreichen und dadurch unsere Psyche zu reinigen. Dadurch lassen sich Blockaden lösen, fremde, unerwünschte Energien, also schlechte Gefühle, entfernen und allgemein eine Verbesserung des Lebens herbeiführen.

Diese Reinigungen helfen bei vielen Dingen. So kann man sie bei einem Burn-out einsetzen, Liebeskummer bewältigen, einfach seine Chakren reinigen und auch Ängste, Sehnsüchte und diverse Zwangshandlungen behandeln. Das beendet Depressionen, hilft bei der Bewältigung von Trauer und Müdigkeit und es bringt dem Einzelnen mehr Energie und Lebensfreude.

Die Rituale beruhen auf einer einfachen Tatsache, der sich aber nur Wenige bewusst sind. Wir alle haben eine unheimliche Kraft in uns, die es uns erlaubt, unser Leben zu beeinflussen. Sie fußt auf unserer eigenen, ganz individuellen Wahrnehmung der Welt. Diese Wahrnehmung wiederum wird durch unsere Vergangenheit, unsere Gefühle und unsere Erfahrungen geprägt.

Ein Trauma, das verdrängt wurde, kann die Wahrnehmung der Welt entstellen. Es ist eine Wahrheit, wenn man jemanden fragt, in welcher Welt er lebe. Ein Mensch, der ein Trauma erlebt hat, lebt in einer schlimmen Welt und muss aus dieser befreit werden. Um die Wahrnehmung zum Besseren zu verändern, muss das Trauma verarbeitet werden.

Ein Ritual funktioniert dabei, indem es auf der bewussten Ebene und der Unterbewussten zugleich ansetzt. Das Gefühl, das sich danach einstellt, dass man befreit ist und dass man mehr Kraft hat, beruht nicht zuletzt darauf, dass man ohne das Trauma die Welt einfach anders wahrnimmt und sie anders empfindet. Schauen wir uns einfach mal ein paar der Rituale an.

Feuerritual

Ein Feuerritual sorgt für mehr Kraft und es gestattet es den Teilnehmern, mit dem Jenseits Kontakt aufzunehmen. Dieses Ritual ist ganz besonders kraftvoll, wenn man es während eines Voll- oder Neumondes abhält.

Dem Einzelnen erlaubt es, für sich zu erkennen, an welchem Punkt in seinem Leben er sich befindet und wohin der weitere Weg führen soll. Vor allem aber erlaubt es der Kontakt mit der geistigen Welt, dass man für sich Glück und Zufriedenheit erhalten kann.

Zur Durchführung wird am Abend oder in der Nacht ein großes Feuer angezündet. Dies geschieht draußen, in der Natur und als Brennmaterial wird Holz verwendet. Jeder Teilnehmer erhält mindestens zwei Holzscheite. Diese symbolisieren einen Abschied vom Alten und eine Einladung für das Neue, das die Zukunft bringen soll.

Ist das Feuer entfacht, wird mit Musik eine Verbindung zur Welt der Ahnen hergestellt und auch diese werden im Weiteren an der Zeremonie teilnehmen. Zu einem vorbestimmten Zeitpunkt können die Teilnehmer einer nach dem anderen ihre Holzscheite in das Feuer werfen. Damit erreichen sie auch ihre Vorfahren, die ihre Energie der Zukunft den Teilnehmern zur Verfügung stellen.

Neben der großen Feuerzeremonie gibt es auch verschiedene, kleinere Rituale mit Feuer, die sich meist um einen Abschied drehen. Hier wird das Alte symbolisch verbrannt, sodass wieder Platz für das Neue im Leben der Teilnehmer geschaffen wird.

Despachos

Das Despachos Ritual ist sehr alt und stammt aus der Zeit der Inkas. Diese haben im Bereich des heutigen Perus gelebt und dort findet man die Überlieferungen für dieses Ritual. Es kann sowohl in einem Raum als auch in der freien Natur abgehalten werden.

Das Despachos stellt eine Verbindung zwischen der Erde, den vier Himmelsrichtungen, den Elementen, den Bergen, der Sonne und dem Mond her. Es entwickelt sich eine Resonanz aus all dieser Energie, die zu verschiedenen Zwecken eingesetzt werden kann.

Wird das Ritual in einem Raum abgehalten und ist dieser Raum durch eine negative Energie vorbelastet, dann kann es den Raum reinigen. Die negative Energie wird entfernt und der Raum wird durch die positive Energie aus der Umgebung ersetzt.

Ist der Raum nicht vorbelastet, lassen sich damit die Chakren von Teilnehmern reinigen. Die Verbindung mit den Energien der Erde, Sonne und aus den anderen Quellen sorgt für einen so starken Fluss, dass alte, verschlackte Energie wahrlich weggeschwemmt wird.

Findet das Ritual nicht in einem Raum statt, muss ein bestimmter Platz in der Natur ausgewählt werden. Die Teilnehmer bringen Naturalien, das können Körner, Früchte oder Blüten sein. Im Laufe des Rituals werden sie die Naturalien in dem Raum oder über den Platz verteilen. Damit zeigen sie ihre Dankbarkeit für den Beistand der Geister. Zugleich können sie ihnen Fragen, Wünsche oder Geschenke übermitteln.

Wenn die volle Kraft des Rituals entfaltet werden soll, muss der Dank an die Mutter Erde selbst gesendet werden. Diese ist eine besonders starke Energieform mit entsprechender Kraft, die sie an den Teilnehmer übermitteln kann.

Die Verbindung mit den Geistern oder Mutter Erde bringt eine Reinigung der Energie der Teilnehmer. Diese fühlen sich kraftvoller und lebendiger. Sie haben wieder mehr Motivation und sind gegenüber negativen Gefühlen nicht mehr so anfällig.

Die Ahnenzeremonie

Die Verbindung zu unseren Vorfahren ist sehr wichtig. Sie hilft uns, Abschied zu nehmen und Trauer zu verarbeiten. Unsere Ahnen können uns beschützen, uns Glück bringen und uns Energie geben. Daher ist es wichtig, den Kontakt zu ihnen zu suchen und die Beziehung zu ihnen zu stärken.

Dieses Ritual beschränkt sich aber nicht nur auf die verstorbenen Vorfahren. So kann darüber auch ein geistiger Kontakt zu einem lebenden Angehörigen, zum Beispiel Großvater, hergestellt werden, der sich weit entfernt befindet.

Jeder Teilnehmer bringt ein Teelicht für jeden Vorfahren, den er erreichen möchte, zur Zeremonie. Über Erinnerungen an gemeinsame Erlebnisse oder Erzählungen wird ein erster Kontakt geknüpft, der dann mit dem Teelicht verstärkt und gehalten wird. Dann kann ein Austausch über die Erfahrungen und Belastungen erfolgen, während die Kerze die Reinigung der Auren bewirkt.

Diese Zeremonie kann mit einem großen Feuer verstärkt werden, so sie im Freien stattfindet. Wird sie durch ein zentrales Feuer in ihrem Rahmen vergrößert, dann ist es auch möglich, die Verbindung zu den Ahnen mit besonderen Gaben noch zu vergrößern.

Weitere Rituale

Neben den beschriebenen Zeremonien gibt es noch unendlich viele weitere Rituale, die abgehalten werden. Diese können dann einem einzelnen, fest umrissenen Zweck dienen oder eine weitere Wirkung entfalten. So können in diesen Zeremonien Neugeborene mit Glück für ihr Leben ausgestattet werden. Es kann Abschied von kürzlich Verstorbenen genommen werden. Es lassen sich Hochzeiten, Geburtstage oder Taufen damit zu einem besonderen Event machen. Wichtig ist, die geistige Kraft, die dabei übertragen wird, für das Leben richtig zu kanalisieren. Dann erhält man dadurch Kraft, Gesundheit und Lebensfreude.

Wo ein Schamane nicht helfen kann

Schamanen sind eine kraftvolle Ergänzung der Heilung, die durch Doktoren erreicht wird, oder sie können allein die Heilung der Seele bewirken. Das bedeutet aber nicht, dass man zugunsten eines Schamanen auf den Besuch bei einem Doktor verzichten kann. Manchmal ist man bei einem Schamanen einfach nicht richtig, solange man ihn allein aufsucht. Das bedeutet nicht, dass man ihn nicht zur Begleitung einer schulmedizinischen Behandlung berufen kann.

Das Problem ist häufig, dass die Leute hierzulande keine richtige Erfahrung mit Schamanen haben. Das bedeutet, sie erwarten einfach alles von ihnen, auch das, was sie nicht leisten können. Damit aber tut man weder sich noch dem Schamanen einen Gefallen. Es liegt in der eigenen Verantwortung, immer auch einen Arzt aufzusuchen und dazu einen Schamanen zu bemühen. Es gibt natürlich auch Fälle, die ein Schamane allein handhaben oder die ein Arzt allein heilen kann.

Ein Schamane kann immer dann helfen, wenn eine Erkrankung vorliegt, die auf psychische Ursachen zurückgeht. So können Rückenschmerzen einfach an Stress liegen und ein Schamane kann hier wirksam dagegen vorgehen. Ebenso gut können die Rückenschmerzen ein Zeichen für ein körperliches Problem sein und dann sollte man auf jeden Fall einen Arzt konsultieren.

Es ist einfach nicht ausreichend, immer nur von einem Schamanen zu erwarten, dass er alles heilen wird. Besser ist es, geduldig zu sein und auf die Ratschläge der Heiler und Doktoren zu hören. Dann kann man sich schmerzliche Lernprozesse sparen und tatsächlich eine echte, schnelle und sich gut anfühlende Heilung bewirken.

Ein anderes Beispiel sind Bauchschmerzen. Diese können an vielen Dingen liegen. So kann man sich einfach den Magen verdorben haben.

Stress kann die Verdauung beeinflussen und so zu Schmerzen führen. Ebenso gut kann man eine Blinddarmentzündung haben. Was ist der beste Weg? Der beginnt beim Arzt. Ist der Blinddarm als Ursache eliminiert, kann man sich auf die Ernährung konzentrieren und wer ohnehin Stress hat, kann sich in dieser Hinsicht an den Schamanen wenden.

Bedeutet das jetzt, dass der Schamane beim Blinddarm nicht helfen kann? Doch, er kann, aber erst nach der Operation. Er kann helfen, die Schäden, die auch eine Operation am Körper anrichtet, zu reparieren und die Heilung der Narbe beschleunigen.

Wer an Krebs leidet und wo die Chemotherapie hilft, kann ein Schamane zumindest nicht schaden. Er kann zumindest den Weg in das Jenseits erleichtern oder er kann, durch den Glauben, der manchmal Berge versetzen kann, beflügelt, tatsächlich eine Selbstheilung des Krebses erreichen. Solche Wunder hat es gegeben, doch hier braucht man einen besonders starken Geist im Körper des Patienten. Man kann das Ganze aber auch anders herum sehen. Wer von einem Abhang stürzt, der kann ruhig versuchen, mit seinen Armen als Flügel zu schlagen. Die Chancen stehen gegen ihn, doch der Versuch schadet nichts und vielleicht fliegt er ja wirklich davon. Das Gleiche gilt bei der dritten Chemotherapie und dem Besuch beim Schamanen. Wunder geschehen.

Negative Behandlungen, zum Beispiel eine Abtreibung, die also dem Töten von Leben dient, sind bei einem Schamanen komplett falsch. Der Schamane hat sich der Rettung von Leben, nicht dessen Beendigung, verschrieben.

Wer unter lang anhaltenden, chronischen Schmerzen leidet, kann ruhig einen Versuch beim Schamanen wagen. Ähnlich wie bei der Chemotherapie gilt hier, dass Wunder geschehen und die Hoffnung zuletzt stirbt. Man sollte jedoch zugleich nicht die Schmerzmedikamente absetzen. Der Schamane mag Linderung bringen, doch die Medikation sollte nur in Rücksprache mit dem Doktor verändert werden.

Wer mit der Hilfe des Schamanen seinen Traumpartner finden möchte, kann es über eine Glückszeremonie versuchen. Man ist jedoch dann beim Schamanen falsch, wenn man in seinem Leben nicht vor die Tür geht, denn dann wird man nie jemanden finden. Ebenso kann der Schamane dann nicht helfen, wenn man den Umgang mit Zahnpaste, der Dusche oder Seife nie erlernt hat.

Schamanen können auch nicht die Realität des Lebens verändern und diese lautet, dass man etwas tun muss, wenn man etwas erreichen will. Man kann nicht ständig um Glück bitten, doch dann nichts tun, wobei das Glück helfen könnte.

In allen anderen Fällen kann ein Schamane hilfreich sein. Man sollte jedoch zuerst mit ihm sprechen und auch auf seine Ratschläge hören. Es hilft nichts, starrsinnig aufzutreten und nichts einsehen zu wollen. Manchmal nämlich liegt es dann doch nur an einem selbst.

Fazit

Der Schamanismus ist eine Kunst des Heilens, keine Religion, kein Kult und erst recht kein Voodoo. Er kann helfen, wo das Leiden einem psychischen Problem entspringt, wann immer eine psychosomatische Erkrankung vorliegt.

Der Schamanismus ist uralt. So alt er ist, so faszinierend ist es, zu sehen, wie er sich in den verschiedensten Regionen der Welt entwickelt hat. Dies geschah, ohne dass die einzelnen Völker sich in einem Kontakt miteinander befanden. Das legt den Schluss nahe, dass er als Kunst einem Urwissen entsprang, welches die Heiler in den einzelnen Völkern aufgrund der Erweiterung ihres Bewusstseins und ihrer Wahrnehmung anzapfen konnten.

Heute ist der Schamanismus wieder hier. Er war auch schon damals in Europa. Er wurde hier in der Gestalt der keltischen Druiden praktiziert. Warum kommt er heute zurück? Wir leben in einer Zeit, die eigentlich alle Krankheiten heilen sollte und in der wir alle einfach glücklich sein sollten. Stattdessen werden wir krank, weil wir unter dem Stress und der Hektik von heute leiden und weil wir uns von der Natur entfernt haben.

Der Schamanismus von heute ist ein Ausdruck des Verlustes, den wir erlitten haben. Mit der Rückkehr seiner Kunst kehrt auch die Natur zurück in unsere Welt und in unsere Herzen. Sie ist in der Lage, die Krankheiten zu heilen, die ihre Abwesenheit ausgelöst hat.

Immer mehr Menschen suchen heute nach einer universellen Wahrheit. Es reicht einfach nicht mehr, irgendwelche Antworten zu bekommen. Wir allen wissen zu viel, kennen zu viel und verstehen zu viel. Was wir brauchen, das ist eine Wahrheit, die uns zufriedenstellt, die all das erklären kann, was geschieht.

Der Schamanismus kann diese Wahrheit liefern. Warum? Weil die Schamanen das Urwissen angezapft haben, wodurch sie sich überall zugleich entwickeln konnten. Können wir wieder das Urwissen in uns aufnehmen, dann können wir die Antworten auf unsere Fragen, die letzte Wahrheit, finden.

Der Schamanismus ist die einfache Antwort auf eine Erkenntnis. Wir alle können es jeden Tag fühlen, wie etwas in unseren Leben fehlt, wir können jedoch nicht erklären, was es ist. Mit dem Schamanismus haben wir eine Chance. Wir haben über das Urwissen die Chance, zu verstehen, was uns mit der Zeit verloren gegangen ist und wir haben die Chance, über die Heilung des Schamanismus, das Gefühl des Verlustes zu vertreiben.

Wenn wir uns dem Schamanismus zuwenden, dann finden wir dort etwas, das so wichtig ist, doch wir haben es fast vergessen. Wir finden dort den Schamanen, den Heiler, den Praktizierenden einer Kunst, die ihm ein einzigartiges Verständnis der Natur und des Wesens des Menschen ermöglicht.

Es wird Zeit, dass wir lernen, den Heilern zuzuhören. Nein, es geht nicht darum, alle Technik wegzuwerfen. Wir brauchen nicht unsere Bücher oder Handys zu verbrennen. Wir müssen einfach nur lernen, über all das Geplärre des Fernsehgerätes und des Internets wieder auf die Stimme der Vergangenheit zu hören. Unsere Psyche braucht einfach mehr als nur Technik.

Der Werdegang zu einem Schamanen, die Ausbildung, ist geprägt von persönlichen Erfahrungen. Es gibt kein Ausbildungsfach oder einen Lehrgang oder Bücherwissen. Jeder angehende Schamane muss offen für die Erfahrungen des Lebens sein und diese in seinem eigenen Kontext interpretieren. Daraus ergibt sich eine Ansammlung aus gemeinsamen und individuellen Wissen. Damit hat jeder Schamane einen gemeinsamen Teil, den er mit allen Schamanen teilt und einen persönlichen Teil, der nur in ihm lebt.

Was er mit allen anderen Schamanen teilt, das ist seine Fähigkeit, sein Bewusstsein willentlich zu erweitern und weit mehr zu sehen und zu erkennen, als es anderen Leuten möglich ist. Er kann mehr aus seinen Erfahrungen lernen, mehr Rückschlüsse ziehen und mehr Weisheit entwickeln.

Was einen Schamanen von all den anderen Heilern unterscheidet, das ist die persönliche Interpretation der Erfahrungen. So hat jeder Schamane seinen eigenen, subtilen Weg, die Rituale durchzuführen und den Kontakt mit dem Jenseits aufzunehmen.

Alle Schamanen haben eine gemeinsame Mission und Verantwortung. Sie sind hier, um von der Natur zu lernen und dieses Wissen nutzen sie, um Menschen zu heilen. Sie sind keine bösen Zauberer oder Priester. Alles was sie tun, ist das Leiden der Leute zu identifizieren und es zu beenden oder zumindest zu lindern.

Die Heilung funktioniert über die Seele, die Energie oder genauer, die emotionale Kraft der Patienten. Das bedeutet, der Heiler tritt in Verbindung mit ihren Gefühlen. Dazu erweitert er über die Rituale seine Wahrnehmung, er findet den Grund, warum die Gefühle des Patienten negativ sind, und er bewirkt eine Heilung, indem er sie reinigt. Das klingt simpel, doch damit ist eine große Verantwortung verbunden.

Der Schamane muss sein Bewusstsein für die Patienten öffnen. Er muss die nötige Erfahrung besitzen, um eine Verbindung zu ihnen aufzubauen und er muss dann in der Lage sein, diese Verbindung zu nutzen, um eine Heilung zu bewirken. Dazu muss er die Rituale kennen, die Kraft, die von ihnen ausgeht und die Wirkung, die sie erbringen. Er muss die Patienten leiten und geleiten, damit sie die nötige Erfahrung in sich aufnehmen und daraus eine Heilung für sie erwächst.

Die Rituale sind es, die das wichtigste Handwerkszeug für den Schamanen darstellen. Sie öffnen seinen Geist, den Geist der Patienten und erlauben das Suggerieren der Lösung. Werden die Rituale falsch ausgeführt, versagt ihre Wirkung. Um sie richtig auszuführen, braucht der Schamane nicht nur Erfahrung und Wissen, sondern auch Einfühlungsvermögen, um sie auf die Bedürfnisse seiner Patienten abzustimmen.

Die Rituale selbst sind zielgerichtete Inszenierungen, die das nötige Umfeld generieren, um den Zugang zu den Gefühlen der Teilnehmer zu gewinnen. Das bedeutet, sie sind die Meister der Ekstase, mit deren Hilfe sie am Ende heilen.

Nun können Heiler einen Erfolg bei psychosomatischen Erkrankungen bringen. Das ist für sich gesehen natürlich sehr gut und sollte auch in Anspruch genommen werden. Das bedeutet aber nicht, dass damit Krankheiten geheilt werden können, deren Ursprung nicht in der Psyche liegen. Das Problem ist, zu erkennen, wann Beschwerden rein körperlich und wann sie zwar körperlich, aber psychisch verursacht sind. Daher ist es immer zu empfehlen, nicht nur zu einem Schamanen zu gehen. Ernsthafte Erkrankungen müssen von der Schulmedizin behandelt werden, das ist so einfach und muss auch so befolgt werden.

Wer darüber nachdenkt, selbst ein Schamane zu werden, sollte immer im Hinterkopf behalten, dass dies ein lebenslanger Gang ist. Man braucht also Durchhaltevermögen. Man wird nicht über Nacht zu einem Schamanen. Auf der anderen Seite warten viele Entdeckungen, ein reichhaltiges Wissen und viele Erkenntnisse. Während die Reise also nicht kurz und einfach ist, ist sie es dennoch wert, unternommen zu werden.

Wer daran denkt, zu einem Schamanen zu gehen, kann diesen Gang gern probieren. Es wartet viel Glück und viel Kraft auf ihn. Man muss einfach nur die Limitierungen erkennen und verstehen. Dann kann ein Schamane auch tatsächlich helfen und der Gang ist nicht umsonst.

Am Ende ist es eine Frage des eigenen Wohlbefindens und der Ursachen, welcher Hilfe man bedarf. Zumindest kann ein Schamane hier helfen, die Ursachen selbst zu identifizieren. Dann kann man davon ausgehen auch auf anderen Wegen eine Heilung erreichen.

Ein Gang zu einem Schamanen kann auch aus anderen Gründen angetreten werden. So wünscht man sich vielleicht ein wenig Glück oder den Kontakt zu einem Vorfahren. Auch hier kann man einfach mal zu ihm gehen und sich auf eine wundervolle Erfahrung freuen.

In diesem Sinne wünschen wir unseren Lesern viel Glück und ein tolles Erlebnis.

Impressum

Patrik Seigert wird vertreten durch:

Instyle Supply and Control Limited

20th Floor, Central Tower, 28

Queen's Road, Central, HK

Coverbilder

[creativelog] | [Fiverr]

Haftung für externe Links

Das Buch enthält Links zu externen Webseiten Dritter, auf deren Inhalt der Autor keinen Einfluss hat. Deshalb kann für die Inhalte externer Inhalte keine Gewähr übernommen werden. Für die Inhalte der verlinkten Webseiten ist der jeweilige Anbieter oder Betreiber der Webseite verantwortlich. Die verlinkten Seiten wurden zum Zeitpunkt der Verlinkung auf mögliche Rechtsverstöße überprüft. Rechtswidrige Inhalte waren zum Zeitpunkt der Verlinkung nicht erkennbar. Eine permanente inhaltliche Kontrolle der verlinkten Webseiten ist jedoch ohne konkrete Anhaltspunkte einer Rechtsverletzung nicht zumutbar. Bei Bekanntwerden von Rechtsverletzungen werden derartige Links umgehend entfernt.

Printed in Germany
by Amazon Distribution
GmbH, Leipzig

16024367R00042